Friedrich Adler

Gedichte von Jaroslav Vrchlický

Friedrich   Adler

Gedichte von Jaroslav Vrchlický

ISBN/EAN: 9783743374140

Hergestellt in Europa, USA, Kanada, Australien, Japan

Cover: Foto ©Thomas Meinert / pixelio.de

Weitere Bücher finden Sie auf **www.hansebooks.com**

Gedichte

von

Jaroslav Vrchl[...]

—•◦•—

Ausgewählt und üb[...]

von

Friedrich [...]

[...]ifierte[...]

Leipzig.

Druck und Verlag von Philipp Reclam

Einleitung.

Jaroslav Vrchlický ist die bedeutendste dichterische Erscheinung der tschechischen Litteratur. Sein bürgerlicher Name ist Emil Friba. Seinen Dichternamen hat er schon in früher Jugend als Gymnasiast gewählt, weil es nach den österreichischen Schulvorschriften Schülern des Gymnasiums verboten ist, litterarische Arbeiten zu veröffentlichen. Er wurde am 16. Februar 1853 in Laun geboren und besuchte die Gymnasien in Schlan, Prag und Klattau. Hierauf trat er ins Seminar ein, um sich der Theologie zu widmen, wandte sich jedoch später den philosophischen Studien an der Prager Universität zu. Nach Abschluß der philosophischen Studien erhielt er eine Hofmeisterstelle beim Grafen Montecuccoli-Laderchi, der er einen einjährigen Aufenthalt in Italien verdankte. Nach seiner Rückkehr unterrichtete er am Pädagogium in Prag und wurde dann Sekretär der tschechischen Technik in Prag. Diese Stelle hatte er bis zum Jahre 1893 inne. Die tschechische Universität erteilte ihm in Anerkennung seiner litterarischen Verdienste das Ehrendoktorat der Philosophie und im Jahre 1893 wurde er zum Professor für moderne Litteratur an der tschechischen Universität in Prag ernannt. Diesem einfachen Lebensgang entspricht anderseits eine in unseren Tagen beispiellose Produktivität. Das Hauptgebiet des Dichters ist die Lyrik und seine Sammlungen lyrischer Gattung erreichen die Zahl von 33; daneben hat er eine größere Anzahl epischer Sammlungen veröffentlicht. Außerdem hat Vrchlický an selbständigen dramatischen Arbeiten 21 Stücke ernsten und heiteren Genres veröffentlicht und auf dem Gebiete der Über=

setzung eine fast unübersehbare Thätigkeit entwickelt. Von seinen Übersetzungsarbeiten seien nur angeführt: aus der deutschen Litteratur: Goethes „Faust", 1. und 2. Teil, Schillers „Wilhelm Tell", Hermann Lingg „Ausgewählte Gedichte", zahlreiche Gedichte von Freiligrath, Schack, Hamerling, Mörike, Konrad Ferdinand Meyer u. a. Aus der italienischen Litteratur: Dantes „Göttliche Komödie", Tasso „Das befreite Jerusalem", Ariosto „Der rasende Roland", Gedichte von Michelangelo, Leopardi und Carbucci. Aus der französischen Litteratur eine Auswahl der Gedichte von Viktor Hugo und Leconte de Lisle, einzelne Werke aus dem Spanischen, Katalanischen, Provençalischen, Englischen und eine reichhaltige Anthologie der neuern italienischen und französischen Lyrik. In Prosa hat er „Ironische und sentimentale Geschichten", sowie zwei Sammlungen „Farbige Scherben" veröffentlicht, welche dem deutschen Publikum in Auswahl durch die Übersetzung von Edmund Grün (Univ.-Bibl. Nr. 2567 u. 3137) vermittelt worden sind. Endlich hat er auch mehrere litterarhistorische Werke, so insbesondere „Studien und Porträts" geschrieben, welche für seine umfassende Litteraturkenntnis ein glänzendes Zeugnis ablegen. In der That eine Arbeitsfähigkeit von unbegreiflicher Intensität, auch wenn man nicht in Betracht zieht, daß der Dichter einen Beruf auszufüllen hatte und erst jetzt das 42. Lebensjahr erreicht hat.

Die Sammlungen lyrischer und epischer Gedichte, welche er bis heute veröffentlicht hat, führen nachstehende Titel:

1875. Aus der Tiefe.	1880. Eindrücke und Einfälle.
1876. Träume vom Glück.	„ Pantheon.
„ Epische Gedichte.	1882. Hilarion.
1877. Vittoria Colonna.	„ Auf der Wallfahrt zum
1878. Geist und Welt.	Eldorado.
„ Symphonie.	1883. Mythen (2. Cyklus).
„ Ein Jahr im Süden.	„ Sphinx.
1879. Mythen (1. Cyklus).	„ Was das Leben gab.
„ Eklogen und Lieder.	„ Alte Mären.

Bei dieser überreichen Thätigkeit auf lyrischem Gebiete ist es selbstverständlich schwer, ja fast unmöglich, ein vollständiges Bild seines Schaffens zu geben. Die Sammlungen durchmessen das ganze Gebiet der Empfindung von dem Erhabenen, Hinreißenden bis zum Weichen und Lieblichen, enthalten die Seufzer und Jubellaute der Liebe und das Ringen des menschlichen Geistes und Herzens, bieten die kunstvollste Form, wie sie der Süden gebildet hat, und die schlichte Weise, die das tschechische Volkslied kennzeichnet. Die Neigung zur Reflexion überwiegt oft, aber wer nicht nach banausischen Grundsätzen urteilt, wird immer anerkennen müssen, daß die Reflexion so tief in Stimmung getaucht ist, daß kein Widerstreben des Stoffes empfunden wird.

Vrchlický hat ein außerordentlich fein entwickeltes Gehör und Auge für die charakteristischen Töne und Farben sämtlicher Litteraturen, und es war sein offenkundiges, eifriges Bestreben, den Ausdruck seiner Muttersprache und die Vorstellungen seiner Nation durch die Aufnahme möglichst vieler Bilder und Stoffe zu bereichern. Formell ist er so geradezu der Schöpfer einer neuen poetischen Sprache ge=

worden, die in ihrer Bildkraft das bis dahin in tschechischer Sprache
Geleistete weit hinter sich gelassen hat. In allen seinen buntfarbigen
und vom reichsten Wechsel belebten Dichtungen tritt inhaltlich ein
Grundzug hervor: Das Bestreben, die Ideale des Lebens zu wahren,
die Güter des Lebens zu schätzen und alles, was menschlich ist, Leid
und Freude, Erhebung und Verdüsterung im Tiefsten mitzufühlen.
Das viel mißbrauchte Wort, daß der Dichter ein Priester sei, hat für
Jaroslav Vrchlicky ganz besondere Geltung. Mit dieser weihevollen
Auffassung seines dichterischen Berufs ist aber keineswegs eine Ab=
lehnung des modernen Lebens verbunden, sondern in seinen Gedichten
hallen alle Bestrebungen und Wünsche der Gegenwart in beredten
Tönen wieder. Seine Nation feiert an dem Dichter insbesondere
seinen hohen Schwung, aber es zeichnet ihn ebenso die zarteste Stim=
mung und das Verständnis für die Züge des kleinen Lebens aus.
Eine starke Phantasie, welche oft aus einer flüchtigen Anregung ein
mächtiges Gebilde auszugestalten weiß, spricht aus seinen epischen
Gedichten; der große Strich al fresco und eine hohe Weltanschau=
ung zeichnet die meisten aus. Seine Poesie stand im Beginne seiner
Thätigkeit unter dem Einflusse französischer Muster, und es haben
insbesondere Viktor Hugo und Leconte de Lisle auf ihn eingewirkt.
Später machte sich auch der Einfluß Leopardis geltend. Diese Ein=
flüsse hat Vrchlicky bald überwunden und schon in seinen Gedichten
aus dem Jahre 1883 ist er zum klaren Bilden, zur größern Einfach=
heit des Stils und zur Unmittelbarkeit des Ausdrucks gelangt, die
ihn auf der Höhe seiner Entwicklung zeigen.

Die Sammlung, die ich dem deutschen Publikum vorlege, versucht
in der getroffenen Auswahl den Dichter von möglichst vielen Seiten
zu zeigen. Bei der Zusammenstellung stand mir eine von dem Dichter
selbst vorgeschlagene Auswahl zur Verfügung, aus welcher freilich
wieder nur ein kleiner Teil verwendet werden konnte, sollte das Buch
nicht zu umfangreich werden. In der Folge erschien eine von dem
Dichter selbst besorgte „Anthologie" aus seinen sämtlichen Gedichten,
welche mich in der Arbeit außerordentlich unterstützte. Da jedoch die
Auswahl eines Übersetzers vielfach von Stimmung, Übersetzbarkeit

der Gedichte und Rücksicht auf die Mannigfaltigkeit des Stoffes ge=
leitet wird, so ist es selbstverständlich, daß das in der vorliegenden
Sammlung gebotene Bild des Dichters ein vollständiges nicht sein
kann. Es würden gewiß noch mehrere Sammlungen in der gleichen
Stärke veranstaltet werden können, ohne daß der reiche Stoff aus=
geschöpft wäre.

Gedichte von Jaroslav Vrchlicky sind bereits wiederholt übersetzt
worden. Die erste Sammlung gab Edmund Grün im Jahre 1886
heraus (Leipzig, Ed. Wartigs Verlag). Derselbe Übersetzer ließ im
Jahre 1894 eine zweite Sammlung: „Episches und Lyrisches" (Prag,
H. Dominicus) folgen, in welcher namentlich die epischen Gedichte
stärker vertreten sind. Eine umfangreiche Anthologie veröffentlichte
1893 Hofrat Professor Dr. Eduard Albert in Wien (Hölder) im
Verein mit mehreren Übersetzern. Diese Anthologie ist nach den ein=
zelnen Werken eingeteilt, bringt Charakteristiken der Sammlungen
und sowohl aus den lyrischen als den epischen Gedichten zahlreiche
Proben. Außerdem ist eine Auswahl von Marie Kwaisser erschienen.
Viele Gedichte hat in Zeitschriften Bronislaw Wellek veröffentlicht.

Meine Übersetzung hat den Vorteil, sich in der systematischen
Anordnung auf die schon erwähnte „Anthologie" stützen zu können.
Ganz genau habe ich mich freilich nicht an die Einreihung durch den
Dichter gehalten. Die Anthologie enthält die Abteilungen: Heimat —
Menschheit — Natur — Kunst — Liebe — Leben=Tod — Erzählende
Gedichte (Genrebilder, Pastelle, Romanzen, Balladen, Legenden).
Die Einteilung dieser Übersetzung entspricht der „Anthologie" des
Dichters und nur der erste Teil „Heimat" ist aus naheliegenden
Gründen weggefallen. Ich wollte, als Deutscher in Prag, dem
deutschen Publikum nur das bieten, was uneingeschränktem Interesse
begegnen mag, und ließ daher die politischen Gedichte ganz beiseite,
so wenig auch der jedem Chauvinismus fernliegende Ton des Dichters
die deutsche Empfindung verletzen könnte. Ich war thunlichst bemüht,
Gedichte aus den meisten Sammlungen zu wählen, und es sind in
dieser Sammlung auch Proben aus den allerneuesten Büchern ver=
treten. Im Anhang ist angegeben, welchen Sammlungen die gewählten

Gedichte entnommen sind. Am stärksten vertreten sind die Samm=
lungen: „Auf der Wallfahrt nach dem Eldorado", „Sphinx", „Was
das Leben gab", „Sonette und neue Sonette eines Einsamen", „Fres=
ken und Gobelins", „Leben und Tod".

Prag, Dezember 1894.

Friedrich Adler.

Vrchlický, Gedichte.

Inhalt.

Menſchheit.

Bei Entdeckung der Pyramide von Meydun.

1.

Die Leuchte Wiſſenſchaft in ernſter Hand,
Will Menſchengeiſt ſtets raſtlos weiter bringen,
Bricht durch das Dunkel, trotzt dem Widerſtand,
Ihn lockt der Fels, die Wüſte und der Strand,
Des Donners Grollen und der Vögel Singen.

Erkennen will ſein Werden er und Sein,
Der Sehnſucht und des Strebens Ziel und Ende;
Ins Angeſicht der Sphinx ſieht er hinein,
Fragt, gleich dem Magier, der Sterne Schein
Und forſcht, wo ſich der Weg zur Wahrheit fände.

Sieh! eine Pyramide tritt hervor
Heut aus dem Sand! Was lang ein Berg geſchienen,
Erhebt, ein Bau, ſich, offen iſt das Thor.
Oſiris hebt die Schale drin empor,
Und ſieht die Helle mit erſtaunten Mienen.

Der Menſch, des Sehnſucht ohne Grenzen wallt,
Klopft an das Grab, das liegt im tiefen Dämmer,
Im Hof der alten Pharaonen ſchallt
Der Spaten Hieb, der Räder Knirſchen bald
Und in die Steinwand pochen hundert Hämmer.

Und wie ein Gott, den kleiner Leute Wut
Ins Band gezwängt, die Feſſeln ſprengt zunichte,
So tritt der Bau, der lang in Nacht geruht,
Hervor zum Tag, wie leuchtend aus der Flut
Die Lotosblume hebt ihr Haupt zum Lichte.

Ein Fenster wieder in verborgne Welt
Für dich du, Menschengeist! Ein Tropfen wieder,
Der kühlend auf die durstigen Lippen fällt!
Der Mond, der seine Sterne leitet, hält
Im Gange ein und sieht verwundert nieder.

2.

Und weiter seh ich noch. Die Nacht ist grau,
Enthüllt der Pyramide ganzer Bau,
Den Menschen seh ich durch den Schutt sich mühen;
Ans Thor des Grabes pocht er unerschreckt —
O Schatten, o Geheimnis, das uns deckt,
Wird uns das Licht doch endlich einmal glühen?

Die Mauer, die so lang getrotzt der Zeit,
Erbricht der Mensch, die Felsen hallen weit,
Und sie giebt nach und zeigt die enge Thüre;
Begierig, welch Geheimnis birgt der Ort,
Dringt in die Nacht er, tastet keck sich fort.
Wie mühevoll der Weg nach innen führe.

Mit einmal wird es licht. Der Nebel weicht.
Da aus dem Sarg — der Eindringling erbleicht —
Eine Gestalt hebt sich in Byssusfalten;
Rund um die Stirn, das strenge Angesicht
Ziehn Binden sich, gefüllt mit Zeichen dicht —
Ein Fürst, ein Weib — wofür soll er es halten?

Und düstern Tons spricht sie den Kühnen an:
„Nicht staune ich, daß du des Grabes Bann
So keck durchbrichst, doch gönn' mir eine Frage:
Entreißen willst du das Geheimnis kühn
Dem Meer und Fels in heißestem Bemühn —
Sahst heller du als ich die Tiefe, sage!

Der Jahre tausend flohn, seit sie mich hier
Bei Priestersängen in des Byssus Zier
Nach furchtbarem Gericht bewahrt im Schreine,

Doch sag' mir, deiner Seele stolzes Loh'n,
Das dringen will bis an der Gottheit Thron,
Ist es so rein, gefestet, wie die meine?

„Ihr seid die Herrn! Dem zahmen Leu gleich leckt
Die Welt nun euern Thron, von Blut befleckt,
Doch reiner war das Licht, das mir entzündet.
Du hast die ganze Welt, Gestirn und Meer,
Doch allwärts preßt die alte Sphinx dich schwer —
Sprich, was ist nach dem Tod, hast du's ergründet?"

Der Neuzeit Mensch wich stumm, entsetzt zurück.
„Ja schweig nur, aus demselben Stoff und Stück
Von Leib und Fehl und Wahn wie ich geschaffen!
In deinem Reich, du schwacher Sklave, bleib!"
Und in den Sarg sank dröhnend jetzt der Leib.

3.

Da überwand der Mensch sein tief Erschlaffen
Und sprach voll Ruh:

4.

„Ich weiß, welch' Los mir fällt!
Osiris bin heut' ich, ich lenk' die Welt,
Ich geh' durch Nacht zum Licht, aus Stoff zum Geiste!
Gleich gilt mir, was verbirgt des Grabes Schlund,
Der Hoffnung Vogel singt auf seinem Grund
Und Leben tönt durchs All, das lichtumkreiste.

Der Tod, dem du gelebt, ist mir ein Spiel,
Das Leben ist mein Hoffen und mein Ziel,
Und lebt ein Gott, sein Spruch macht mir nicht bange;
Mein Spaten zwingt den Grund, mein Denken zwingt
Der Welt Geheimnis und ins Herz mir bringt
Das goldne Licht mit allgewaltigem Drange.

Sein, schaffen, wünschen, denken will ich hier,
Ein Kind scheint das Geschlecht von ehmals mir,
Zum Manne macht es erst, was ich begonnen.

Und glaube mir, nicht hemmt des Strebens Glut
Dein Schauer vor dem Tod und nicht das Blut,
Das von der Seher Stirn in Staub geronnen.

Ich schreite fort und fort! Und heute reizt
Die Pyramide mich und morgen geizt
Mein Geist, zu nahen der Kometen Schwelle!
Ich bin der Ibis, bin das Morgenrot,
Der Wahrheit Korn, nicht mystischer Dorn mein Brot,
Nicht Abendgrau'n will ich, will Tageshelle!

Und dieser Glaube ist mein Schild, mein Stab!
Des Lebens Hymnen sing ich an dem Grab,
Der Zukunft Herakles, der Phönix bin ich,
Der Staub der Gräber hier, der Sterne dort
Sind mir ein Stoff: sie zwingt mein tönend Wort,
Um Not und Tod des Liedes Zauber spinn' ich.

Ich kenn' mein Ziel und kenne, was mich zwingt,
Doch auch den Blitz, der aus dem Hirn mir springt,
Und hör' ich auf, es bleibt das Werk den Söhnen;
Die Erde kehr' ich um, durchstürm' sie schnell
Von Pol zu Pol und endlich muß mir hell
Der Aureole Glanz die Stirne krönen.

Nichts gilt mir, was das Paradies verheißt,
Ich traue meinem Arm und meinem Geist,
Ein Mensch zu sein, mehr will ich nicht erstreiten:
Gern geb' ich meinen Staub der Erde hin,
Wird nur mein Sohn, wenn ich verwittert bin,
Nicht über Dornen auf zum Lichte schreiten!

Nun, Tempel, Obelisken, zögert nicht
Und steigt empor! Es naht des Tages Licht,
Und grüßt euch hell nach langem, düsterm Schweigen
Orions Gürtel und der Sterne Tanz
Sind nur der Saum des rauschenden Gewands,
Aus dem sich neue Götter hilfreich neigen!

Die Schuld.

Es sinkt der Tag; im Tann allein
Sitz' ich voll banger Fragen
Und sinne, wer die Schuld herein
In unsre Welt getragen.

Wer den Azur, der hell uns blinkt,
In dunkles Grau geschlossen,
Den Becher, eh' die Lippe trinkt,
Mit Galle vollgegossen.

Der Menschheit, seit sie lebt und strebt,
Schleicht nach die Schuld, die Schlange,
Ob auch ein Lächeln manchmal schwebt,
Das Herz bleibt bange, bange.

Der Erde Blüten decken nicht
Die schmerzensvolle Wunde.
Nehmt Pracht vom Himmel, hehr und licht,
Und von des Meeres Grunde;

Und nehmt der Liebe höchste Huld,
Den Hochflug der Gedanken:
Nichts bringt zum Schweigen je die Schuld
Und löst je ihr Umranken.

An Ganges' Strand wuchs sie empor,
Sie schritt uns nach aus Eden,
Aus Sinais Donner tönt sie vor,
Und klagt aus schlichten Veden.

Sie ist der Menschheit dauernd Teil,
Der Fluch, der alle bindet,
Der Engel, der uns nimmt das Heil,
Der Mißklang, der nicht schwindet.

Und bodenlos der Abgrund ist,
Der klafft voll böser Tücke,
Und selbst dein Kreuzstamm, Jesus Christ,
Schlug drüber keine Brücke.

Nur einmal warf gleich einem Alp
Der Mensch sie vom Gemüte —
Das war sein Festtag, allenthalb
Die Welt nur blühte, glühte!

Und Frieden wird der Menschheit kaum,
Eh' sie zurück sich wendet,
Und, Hellas, deinen süßen Traum
Zur Wirklichkeit vollendet!

Spartakus.

Rom atmet' auf. Die Macht der Sklaven lag
Im Staube, zerschellt und zerschmettert,
Nach so viel List und Ränken Tag um Tag
Und den Kämpfen, die rastlos gewettert.

Auf allen Wegen rinnt nur Blut und Blut,
In Blut scheint die Sonne zu beben,
Der Sterbenden Geächz, der Wunden Wut —
Und viel Arbeit soll es noch geben.

Sechstausend Kreuze stehn in langen Reihn,
Wo der Weg sich nach Capua wendet,
Zum Ruhm dem Sieger, der bekränzt beim Wein
Den Triumph seiner Thaten vollendet.

Sechstausend Kreuze ragen in die Nacht,
Dran der Leiber sechstausend hangen,
Und aus der Stadt, die wild bei Orgien wacht,
Dringt Lärm in der Sterbenden Bangen.

Und Crassus teilte jetzt des Forums Schar
Und rief mit grimmigem Schelten:
„Wo ist der Spartakus? Sein Kopf fürwahr
Soll tausend Köpfe mir gelten!"

„Der", sprach ein Sklav, „ist tot. Zum Kampfe sah
Ich mutig als ersten ihn fliegen;
Er stritt und stand ein Held im Streite da
Nun mag er durchbohrt wo liegen."

„Die Leiche schafft mir her!" schrie Crassus wild,
„Er hänge an erster Stelle!"
Die Schar verteilte gleich sich im Gefild
Und sie suchten eifrig und schnelle.

Und schleppten her, von Blut und Staub befleckt,
Des Spartakus mächtige Glieder, —
Von Hunderten ward er emporgestreckt,
Doch die Wucht zog dreimal ihn nieder.

Dann banden sie ans Kreuz mit Ketten ihn,
Durch die Hände die Nägel sausten,
Drauf, wie es ziemt dem edlen Sieger, spie'n
Sie ins Antlitz, gingen und schmausten.

Dann feierten sie laut beim vollen Krug
Die Herrin Rom, die zunichte
Der Sklaven Hochmut und Empörung schlug:
Ruh' lag auf des Helden Gesichte.

So fest die Ruhe und so siegsgewiß,
Nur im Aug' wehmütiges Fragen:
O Menschheit, eh' entweicht die Finsternis,
Wieviel Kreuze werden noch ragen!

Die Aussätzigen.

Im düstern Strandgebiet am Toten Meere,
Wo trüb der Jordan bricht durch wüste Schlucht,
Zieht sich ein Thal, drauf liegt des Leides Schwere,
Und furchtbar drückt hier der Verzweiflung Wucht.

Dort klaffen Höhlen auf der schmalen Enge,
Getrennt durch rostige Gitter von der Welt;
Aussätzige wohnen dort in großer Menge
Und rasseln mit den Ketten, daß es gellt.

So mahnen eben sie, den Ort zu fliehen.
Nur manchmal hinter diesen Gittern zeigt
Sich ein Gesicht, das Flecken dicht durchziehen,
Ein heißes Aug', das sich zur Erde neigt.

Die Ketten rasseln ... einer naht der Stelle ...
O eile, Wandrer! Unter deinem Fuß
Welkt hier das Kraut, trüb wird des Himmels Helle,
Nur Geier und Schakal giebt dir den Gruß!

Er achtet's nicht, geht näher ohne Schwanken,
Den jeder flieht, dem Orte eilt er zu,
Dort macht er Halt und redet an die Kranken
Und mischt sich unter sie in fester Ruh.

Er legt die Hände auf die kahlen Schädel,
Drückt ihre Hand, die fast zu Schnee erblich,
Sein Wort ist so beruhigend und edel,
Sein Lächeln ist so mild und mütterlich.

Die Armen, die zu ihm die Hände heben,
Sie sehen um sein Haupthaar goldnen Schein,
Er kam, ein Fürst, des Ruhm wird ewig leben
Als Thau des Trostes für die schwere Pein.

So in des Lebens eitle Not und Plage,
Wie Christus jenen Leidenden genaht,
Wie seliger Thau an einem heißen Tage,
Führt dich, allmächt'ge Liebe, her dein Pfad!

Ihr arg Bedrückten, klirrt mit euren Ketten,
O zeigt das Antlitz, das vom Gift zerstört —
Wer Furcht im Herzen hat, der mag sich retten,
Ertönt, ihr Ketten nur, die Liebe hört!

Das ewige Evangelium.
(1240.)

Bald wird erfüllt, was uns die Schrift verkündet.
Der Menschheit großer Morgen wird entzündet.
Ein Engel schwebt, die Schwingen hehr entfaltend,
In seiner Hand die ewige Botschaft haltend,
Sie anzusagen über Berg und Flut
Den Völkern allen in der Erde Hut.

Die Welt versinkt in Leichtsinn und in Blut.

Wer sieht den Engel schweben in der Ferne?
Den hehren Gast verdecken halb die Sterne.
Es schläft die Welt, wacht sie nicht Gott zum Hohne.
Nun drückt den Papst die Mitra, drückt die Krone
Des Königs Haupt, das Buch des Weisen Geist.
Ich schau' zum Himmel, der mir Licht verheißt.

Wie durchs Gewölk des Buches Spange gleißt!

Hier, wo sich wild Calabrias Felsen türmen,
Die heisern Wölfe heulen mit den Stürmen,
Hier bin ich nah des Himmels ewigen Pforten
Und richte mich nach des Apostels Worten:
Die Welt liegt mir vor Augen wie ein Bild.
Ein neuer Saft im welken Laube schwillt.

Hört schlaffe Herzen, neues Heil erquillt!

Der Engel spricht hoch in der Wolken Mitte:
Das Reich des Geistes naht, daß wahre, dritte,

Da Land und Geld, da Gold und Schmuck der Erden
Und all ihr Gut zu niederm Staube werden,
Da reich im Geist wird, wer von Not gedrückt,
Die Welt ein neuer, ewiger Frühling schmückt.

Die Nachricht hör' ich bebend und entzückt.

Er spricht im Sturme, spricht im Donnergrollen
Und ich versteh', was seine Zeichen wollen.
Zur Rechten seh' ich Sodom Roma blinken,
Byzanz Gomorrha sehe ich zur Linken,
Und Schuld und Irrtum wäge ich zumal
Und staune nicht mehr, daß die Welt in Qual.

Sein Wort zuckt nieder wie ein Wetterstrahl.

Das Reich des Vaters — mildes Sternenflimmern,
Das Reich des Sohnes — lächelnd Mondesschimmern,
Das Reich des Geistes wird als Sonne dauern:
Schon hör' ich seiner Boten Flug mit Schauern.
Zwei Reiche flohn, das dritte tritt hervor,
Schon steht es leuchtend an des Ostens Thor.

Es hebt das Buch der Engel hoch empor.

Das Reich der Satzung schwand, der strengen Pfade,
Das Reich des Glaubens schwand, der Buße, Gnade,
Das Reich der Liebe kommt für alle Zeiten!
Den Vorhof durftet ihr bis heut beschreiten,
Der Tag kommt, der ins Heiligste euch bringt;
Auf Rosen geht, die ihr auf Dornen gingt!

Ein Halleluja durch den Weltraum bringt.

O kommt zu einem Tische alle, alle!
Erst war die Bibel, dann erhob vom Falle
Die Botschaft der Apostel die Nationen —
Nun wird das ewige Evangelium thronen!

Dem Geiste bringt's die Freiheit und das Licht,
Das jede Fessel allgewaltig bricht.

Dies Reich des Geistes zeigt mir mein Gesicht.

Mein Wort will ihm die Wege offen halten!
Franziskus wird, sein Hohepriester, walten.
Was Christus anfing, wird von ihm vollendet.
Hat Christus mild zum Menschen sich gewendet,
Neigt' er zum Tier sich nieder herzensweich,
Hielt er in Liebe alle Wesen gleich.

Drum ist der Mittler er fürs dritte Reich. —

So sprach zu mir der Engel lichtumflossen,
Indessen ich den Rosenkranz beschlossen.
Dann wandt' ich mich, zur Welt hinabzuschauen.
Sie lag in Nacht und Duft, hier von den Klauen
Der Wölfin Rom gefaßt mit Grausamkeit,
Dort von Byzanz dem Henkertod geweiht.

Ich, Jachimo von Fior, künd' beßre Zeit.

Aus der Hymne des Lazarus.
(Aus einem größern Cyklus.)

In Nacht, obgleich geweiht dem Sonnenschein,
In Staub, obgleich bestimmt für Goldgewande,
Obgleich ich Ruhm erwarten darf, in Schande,
Zum Flug bereit, stock ich beim Rätsel: Sein.

Derselbe bin ich, welche Form mich bannt,
Und mich berührt nicht der Geschichte Schwinge,
Ob sie der Menschheit Fall, ob Blüte bringe,
Im Eis Sibiriens oder Lybiens Brand.

Ich trug zum Bau die Ziegel einst am Nil,
Trug Steine her für die Bastillenfeste,
Heut such ich an dem Eingang der Paläste
Und morgen vor der Kirche mein Asyl.

Ich saß am Ganges, wo der Lotos steht,
Und träumte in der heißen Glut von Theben,
Das Leiden aller Zeiten macht mich beben,
Stets weint mein Aug' und meine Lippe fleht.

Am Kreuz heb ich die Hände stumm hinan,   ·
Und neig' mein Haupt an des Schafottes Stufen —
Nach Tropfen läßt mein heißer Durst mich rufen,
Obgleich das Meer die Glut nicht löschen kann.

Im Traum der Fürsten tret' ich oft hervor
Gespenstisch, wenn ich lang geschwiegen habe;
Das Lächeln Christi war mir einzige Labe,
Die Welt erschrickt, heb ich die Faust empor.

Ein Stückchen Brot ist heute mir genug,
Doch will der Hunger nie nach Liebe schweigen,
Und Lazarus' und Hiobs Antlitz zeigen
Nur einen Schein von meinem Schmerzenszug.

Ein Bettler, schrei' ich, den bedrückt die Not,
Heut mit dem Stabe, mit dem Schwerte morgen,
Ich bin der Mensch, der ewig ringt mit Sorgen,
Jetzt um Ideen, jetzt um ein Stückchen Brot!

Wohl heb' die Hände ich, mein wilder Ton
Schreit wohl empor: Ich bin ein Mensch und leide! -
Ich schreite unbeachtet, voll von Neide,
Und hinter mir der Hund — Revolution.

*   *   *

Nur einmal klang's: „Mein Bruder, du darfst hoffen!"
Nur einmal fiel ein Strahl auf mein Gesicht,
Und warb mein Auge, sonst vom Leib getroffen,
Erhellt vom Schauen in der Liebe Licht.

Als aus der Heuchler und Gelehrten Kreise
Einst Christus kehrte, blieb er stehn und sah
Mich milde an; ins dürre Herz troff leise
Des Himmels Thau, mein Aug' erhob ich da,

Ich schaute — nicht des Tischlers Sohn, nein, schaute
Das Mitleid selbst, verirrt vom Himmel her,
Und halten wollt' ich fest, was mich erbaute,
Allein es schwand, die Menschheit kennt's nicht mehr.

*　　*　　*

Dies Weltgedicht, dem ich mit frommem Ohre
Andächtig lausche, dem ich zittre bang,
Die Epopöe, bestimmt zum Freudenchore,
Nicht enden darf sie mit dem rauhen Klang.

Vor dieser Schöpfung, die der Sonne Strahlen
Vergolden ungehemmt mit ihrem Schein,
Darf ich nicht schrein: „Ich leide Hungersqualen!"
Nicht klagen mehr: „Ich bin in Not allein!"

Erheben muß ich mich aus Staub und Schande,
Dem Felsenriesen gleich, der steht im Meer,
Der Sterne lichten Mantel zum Gewande,
Das stolze Haupt im Urlicht badend hehr.

Es kommt die Zeit, der Thau wird niederfließen,
Dann wird in meiner Seele, rein und groß,
Herakles' Kraft und Christi Liebe sprießen
Und Lilien trag ich, licht und fleckenlos.

Was Galle war, wird Honig meinem Munde,
Was Schmach war, wird zur Aureole Glanz,
Der hell auf meiner Leiden kahlem Grunde
Im Fluge weckt der Blüten bunten Kranz.

Ein Sohn des Lichtes, werd' ich mich erheben
Empor zu Himmelshöhen; mir voraus
Als Herold geht das heilige Vergeben,
Und ewig, wie ich bin, durch Nacht und Graus

Erfüll' ich siegend Ziel und Zweck der Erde —
Es kann nicht sein, daß ganz der Finsternis
Das Weltall ringsumher zum Raube werde,
Der Kerker wird zum Paradies gewiß!

Das Fatum beug' ich dann, das alte, blinde,
Send' in sein Aug' des Lichtes Fröhlichkeit,
Und sage zu dem Weltall: „Nun erst finde
Dich wieder neu gereinigt und geweiht!

„Jetzt erst beginnt die rechte Zeit zu tagen,
Kraft, Güte, Schönheit giebt sich da erst kund,
Und über allem, was uns feindlich, ragen
Wird hehr und groß der ewige Bruderbund!"

Brot.

Durch der Halme wogend Meer
Geh ich wiederum nach Jahren,
Heißer Erdhauch um mich her
Weht und spielt in meinen Haaren.

Wie der Hauch mich so umloht,
Alle Poren nimmt zu eigen,
Fühl' ich schon das künft'ge Brot
Duftend aus der Erde steigen.

Ewigen Stoffes Blüte liegt
Mit dem Korn in dunkler Erde,
Und der Hauch, der schaffend fliegt,
Weckt drin hundertfältig Werde.

Unser Hirn und unser Blut,
Unser Schweiß und unser Mühen,
Sehnsuchtsdrang und Zornesmut,
Unser Haß und Liebeglühen.

Unsrer Kinder Scherz und Spiel,
Auf der Mutter Schoß ihr Klagen,
Alles Strebens Zweck und Ziel,
Drum wir schwere Arbeit tragen.

Der Gesellschaft Kitt und Band,
Und ihr Damm, der Umsturz wendet,
Das Symbol, das Gottes Hand
Einst gesegnet und gespendet.

Süß und bitter, weckt's die That,
Weckt es frevlerischen Willen,
Führt empor der Menschheit Pfad
Und zerschmettert die Bastillen.

Erst vom Hochmut noch verstreut
Für den Troß und für die Hunde,
Eint es, naß von Thränen, heut
Menschen eng zum Bruderbunde.

Alles ist das Brot: erhellt
Kann im Tiefsten ich's erkennen,
Da ich sinnend geh' durchs Feld
Und die Strahlen niederbrennen.

Dies der Mutter Erde Sang:
„Bin ich schön! So lang im Schoße
Mir noch Leben sprießt, so lang
Bin ich Ceres noch, die große.“

„Höllenpein und Freudenfest,
Was da kommt, was schwand im Tode,
Aus dem Staub, der Väter Rest,
Bau ich's, schlicht ich's mit dem Brote."

Während so die Tropfen schwer
Meinen Schläfen sich entringen,
Hör' ich aus der Halme Meer
Ernst das Lied der Menschheit klingen.

Giordano Bruno.

Aus dem Dunkel schallt's: Zurücke!
Aus der Helle schallt's: Hinauf!
Und in dieses Streites Tücke
Schwindet hin des Lebens Lauf.

Liebe wirkt in eblem Drange
Und das Herz spricht laut und treu,
Und die Menschen, habernd lange,
Fühlen Brüder sich aufs neu.

Plötzlich weckt zum Krieg die Horden,
Und was Milde war, wird Wut,
Und der Mensch, zum Tier geworden,
Trinkt im Rausch das eigne Blut.

Aus dem Dunkel: Beug' den Nacken!
Aus der Helle: Aufwärts schau!
Vorwärts geht's! — Vergeblich Placken!
Und schon wird das Haar dir grau.

Und schon willst du ganz verzagen:
Nie mehr wird die Nacht erhellt;
Da durchzuckt mit stolzem Wagen
Eine große That die Welt.

Wo der Scheiterhaufen lohte,
Steht des Lichtes Held und ficht,
Satan weicht dem Machtgebote —
Nein, wir schreiten doch zum Licht!

Die Laterne des Diogenes.

An meinem Lager, schwand des Tages Strahl,
Steht manches Mal ein Greis, gebückt und kahl.
In seiner Hand bebt der Laterne Licht,
Er reicht sie mir und lacht dazu und spricht:
„Du suchst die Wahrheit? Nimm die Leuchte hier,
Und du siehst welk der Blüten reiche Zier,
Du siehst der Dinge Kern in ihrem Schein,
Durchs Lächeln in der Herzen Arg hinein,
Siehst kalt die Seele, die das Aug' erhellt.
Ein kahler Felsen wird dir sein die Welt,
In jeder Wiege schaust den Sarg du schon;
Des Waldes Brausen und der Vögel Ton
Wird dir zum Lied vom Bösen und von Qual.
Doch Wahrheit hast du! Der Begeistrung Strahl
Wird zu Gewinnsucht, Geisteswerk zu nichts,
Nun nimm die Leuchte, freue dich des Lichts!"

Ich schweige, doch mein Engel, der das Glück
Des Herzens schützt, giebt dies für mich zurück:

„Geh alter Thor! deine Laterne lügt!
Der Staub, den Jahre an das Glas gefügt,
Hat blind gemacht die Scheiben. Irr' ich auch,
So bringt der Irrtum mir des Glückes Hauch.
Und hätt' ich, wünschend, daß mir Wahrheit frommt,
Das Licht genommen, draus die Wahrheit kommt,
Dich hätt' ich mir zuerst dabei beschaut!"

Und er verschwindet. Rings umher kein Laut.

Mitleid.

Und der Versucher sprach zu Jesus Christ:
„Zum Kirchhof wird die Welt, die Gottes ist,
Aus Wunden springt, im Kampfe fließt das Blut,
Wohin ich schau, rinnt bittre Thränenflut,
Der Tod reißt Mütter, Brüder, Väter mit,
Und Schiffe, Hütten bricht des Sturmes Schritt,
Das Feuer zehrt das Werk der Hände auf,
Die Erde bebt — wer zählt der Leiden Hauf,
Der alles Mühn dem Menschen macht zur Pein?
Er baut und baut und alles stürzt ihm ein.
Er liebt das Leben und sieht's fort bedroht,
Hier lauert Gift, hier bringt der Dolch ihm Tod,
Indes der Pesthauch aus dem Boden bricht.
Tod und Vergeben gab ihm Gott, mehr nicht!"
Und, auf dem Antlitz tiefster Milde Hauch
Sprach Jesus Christ: „Das Mitleid gab er auch!"

Mönch und Soldat.

Golgatha lag schon verlassen, in die Nacht nur droht
Schwarz das Kreuz, ringsum kein Leben und der Gott war to

Auf den Speer sich stützend, stand hier ein Soldat allein,
Teilnahmslos und ohne Regung stand er, wie aus Stein.

Der Soldat und Gott! sie beide blieben übrig bloß,
Tot der Gott, der Söldner trotzig und empfindungslos.

Statt des Gottes kam der Mönch dann und mit schlimmer Tha
Schlug ans Kreuz er selbst die Menschheit, stumpf blieb be
Soldat.

An der Menschheit Kreuz die Wache der Soldat noch hält
Tot der Gott — vergebens fragst du, wem gehört die Welt'

Moderne Ballade.

Auf seinem Lager wacht er lange,
Das Denken unter einem Zwange,
Und wallt sein Blut in wildem Drange,
Er zwingt den Puls, der stürmisch geht;
Dann springt er auf, empor getrieben,
Fährt hastig fort, wo er geblieben,
Nun wird gerechnet und geschrieben —
Und Satan auf der Schwelle steht.

Und Schrauben, Hebel, Rädchen, Röhren
Fügt er und prüft er; sie gehören
Zum Werk, berufen zu zerstören,
Er rechnet eifrig, schweißbedeckt —
Nun fand er blitzschnell, wie er's löse,
Ein Druck nur an der Mitrailleuse,
Ein Federdruck, und mit Getöse
Sind tausend Kämpfer hingestreckt.

Mit dem Ballon emporzusteigen,
Und in des Dunkels weitem Schweigen,
Wo sich des Feindes Zelte zeigen
Halt machen wie ein Meteor,
Ein Griff, und hundert Schlünde speien
Verderben nieder in die Reihen —
Er hört das Ächzen schon und Schreien,
Zum Himmel spritzt das Blut empor.

Dann unterm Mantel dunkler Wogen,
Kaum von dem Lüftchen überflogen,
Mit dem Torpedo hingezogen
Unsichtbar, leise, unters Boot —
Mit einem Ruck der Hand, der schnellen,
Muß es im Dynamit zerschellen,
Es färbt die Lohe rot die Wellen,
Und alles ist dann still und tot!

So ist sein täglich Trachten, Dichten,
Er prüft an Achsen und Gewichten —
Wird er's erlangen, wird's verrichten?
Wer zählt die Mühen früh und spät!
Des Todes Scherge ist er worden,
Durch ihn verheert die Welt das Morden
Und würgen wilder sich die Horden —
Und Satan auf der Schwelle steht.

Er sieht sich schon, des Glückes Gaben
In schwarzer Faust, ihn all zu laben,
Sieht sich gefeiert und erhaben,
Bis heut ein Ungekannter noch.
Nun hat er Orden, hat er Ehren,
Was Gunst der Großen kann gewähren,
Und Geld und Liebe nach Begehren —
Nun glühe, Hirn, und Herz, nun poch!

Was Städte, die gestürzt im Qualme?
Was sind ihm die zerstampften Halme?
Zerrißne Glieder? Ihm die Palme,
Ihm Ruhm und alles Glückes Huld!
Was Blut, der Witwen, Waisen Klagen?
Was Schädel, die zerspällt, zerschlagen —
Ihn wird sein Stern nach oben tragen:
Die Welt will's — sein ist nicht die Schuld.

Er ist der Menschheit großer Henker,
Was liebereich, den Geist als Lenker,
Geschaffen Künstler, Dichter, Denker,
Sein Werkzeug wirft es in den Staub.
O der Kultur seltsame Blume!
Er glänzt mit des Erfinders Ruhme,
Der ins Gesicht dem Menschentume
Schlägt mit gehäuftem Mord und Raub.

Froh geht der Bildner aufzubauen,
· Der Landmann ackert voll Vertrauen,
Der Vögel Lied klingt auf den Auen
Von Lebensglück, das ringsum weht —
Der Hölle Sohn bei seinen Plänen,
Zerstörung ist sein ganzes Sehnen,
Der Geist der Menschheit ist in Thränen,
Und Satan auf der Schwelle steht.

––––––––

Beim Niederreißen des Strafhauses St. Wenzel in Prag.

Dröhnend fährt aus fleißiger Hand die Hacke
Heut zum ersten Hieb in die alten Mauern —
Niederbröckeln Steine und Sand und mächtig
Fallen die Streiche.

Hohl tönt's durch die Gänge und dumpf rollt's nieder.
Hundert Hände reißen herab die Balken,
Wirbel Staubes wallen empor zum Himmel.
Hacken und Äxte

Schmettern laut in lustiger Arbeit! Bald sind
Bloßgelegt des Riesenkolosses Wände,
Das Gebälk, die Stützen, durch die jetzt freundlich
Lächelt der Frühling.

Und das Blau sieht heute zum erstenmale
In die Räume, drinnen die Ketten klirrten,
Drin die Schatten herrschten, der Fluch, die gleichen
Schritte der Wache.

Das Gemäuer fällt. Und mit jedem Steine,
Der, von Sand und Mörtel gefolgt, herabsinkt,
Sinkt auch was, wie schmerzliche, tiefe Klage,
Flüche und Seufzer.

3*

Sinkt auch was von deinen Gespensterschatten,
Du Vergangenheit! Ja, von Thränen naß scheint
Hier der tote Stein, den die Hand der Arbeit
Donnernd zerschmettert;

Sie, die feste, heilige Hand voll Schwielen,
Die sich nährt mit ehrlichem Fleiß und Mühen,
Reißt die Kerker nieder, erfüllt von Flüchen,
Sprengt nun den Käfig,

Drin sich eingezwängt das Verbrechen krümmte,
Das vom Blut des Bruders befleckte Haupthaar
Schüttelnd, drin der Erbe des Kain büßt' in
Ketten und Dunkel.

Ein Symbol der kommenden Zeiten seh' ich:
Nieder reißt den Kerker die Hand des Fleißes,
Wie die Räuber trieb aus dem Tempel Christus,
Jagt nun die Arbeit

Das Verbrechen fort mit des Zornes Geißel,
Wirft voll Kraft die Schuld und die Sünde nieder,
Macht dem Boden gleich der Verzweiflung Wohnhau
Rufend der Freiheit.

Rasch ans Werk! Nun sinket, ihr grauen Wälle,
Jeder Streich giebt freieren Raum dem Himmel,
Durch den Riß des engen Gemäuers winkt schon
Drüben dein Ufer,

Altes Prag! Dein herrlicher Dom im Nebel,
Des Laurenziberges erquickend Grün und
Häuserreihn! Aus blühenden Bäumen lächelt
Smichow herüber.

Rasch ans Werk! Und wo die Gefängnismauern
Sich in grauen Linien trostlos dehnten,
Da ersteh bald Haus und Palast und blühe
Schule und Werkstatt.

Wo zuvor mechanischen Gangs der Webstuhl
Träg sich von der Schuldigen Hand bewegte,
Da ertön' in Stätten der ernsten Arbeit
Dröhnen der Hämmer.

Dröhnet, tönt als Glocken der großen Zukunft!
Wo in langen Reihen die Ketten klirrten,
Wo im grauen Kleid die Gefangnen schritten,
Strenge geleitet,

Jage bald der heiteren Jugend Reigen,
Fülle laut mit munterem Lärm die Gassen,
Wälze sich die Schar mit Tornistern jubelnd,
Endet die Schule.

Totenstille lagerte sonst hier — siehe!
Heute tönt der siegende Hammer weithin,
Arbeitslärm, der Leiter Befehl und stetes
Wagengerassel.

All dies kündet fröhlich der Zeiten Wandlung,
Kündet fröhlich, daß nicht das Haus der Schuld bloß,
Band und Kette, nein, auch die Schuld nun selber
Hin in den Staub sinkt.

Zähneknirschend muß sie die erste weichen,
Muß erliegen Michaels Schwert, der Dämon
Flieht stets weiter bis in des fernsten Thule
Eisige Zonen.

Glorreich tritt die Trümmer die freie Menschheit,
Durch Gedanken stark und die ernste Arbeit:
Daß sie waren, schreibt in die Sterne Klios
Eherner Griffel.

Ghazi.

So steht er fest, im Angesicht den Mut,
Ein Fels die Brust, sein Aug' blickt in die Runde
Und strahlt von seines Geistes Feuerglut.

Ein Fetzen deckt die Stirn, geknüpft zum Bunde,
Der Nacken bloß, die Sehnen Stricken gleich,
Die Lippen offen an dem trock'nen Munde.

Zum letztenmal, soweit sein Auge reich',
Darf er noch schauen seiner Heimat Stätten —
Allein des Todes Drohn macht ihn nicht bleich.

Die Sonn' erhellt des Leutnants Epauletten,
Die Bajonette, der Gewehre Rohr,
Die schon bereit, zu Tode ihn zu betten;

Streift die Soldaten, die nun treten vor,
Streift sein Gesicht, Verachtung bietend allen,
Dann birgt sie sich vor Scham im Wolkenflor:

Sechs Schüsse blitzen auf. Er ist gefallen.

*   *   *

So mit dem Trotz im Auge, das vernichtet,
Bracht' eine Zeitung ihn und drunter: „So
Ward Ghazi, der Fanatiker, gerichtet".

Die abgebrauchte Phrase! Nirgendwo
Verfehlt sie ihren Zweck in unsrer Zeit,
Sie wirft den Kot nach allem Großen roh.

Allein der Geist, der den Gedanken weiht,
Die heilige Überzeugung, die die Glieder
Des Schächers rein macht von Verworfenheit,

Und Seherschwung auf Judas schickt hernieder —
Die ward nicht totgemacht mit seinem Tod,
Ein Phönix, steigt sie aus den Flammen wieder.

Nun sagt mir, wer vom Fanatismus loht,
Ob der Barbar, der schützt die Heimat nur,
Ob der Gebildete, der hart bedroht

Des Landes Ruh und seiner Sagen Spur
Verwischen will, mit Pulver herzutragen
Zu diesem Volk der Räuber die Kultur?

Der Hund, der alle Knochen will benagen,
Der Krämer, der da hinter Baumwollballen
Die Tugend lügt, die Bibel aufgeschlagen?

Der ein Gesetz der Freiheit kündet allen
Und geht ans Ziel durch Blut, und, helfen nicht
Kanonen, kommt, mit Fuchslist einzufallen?

O Menschlichkeit! o Recht, o Weltgericht!

Am Wege.

Es war in der Allee im Bad.
Ein Bursch saß am Weg im Schatten grad.
Die Mutter beim ersten Sonnenstrahl
Sandt' ihn hinaus, zu erbetteln ein Mahl.
Nun sitzt er unter dem Baume still
Mit offener Hand, wie's die Mutter will.
Vorbei gehn Damen und Herrn elegant,
Doch fällt kein Heller in seine Hand.
Der Tag ist heiß, die Sonne glüht,
Der Knabe wird vom Warten müd',
Er sinkt zurück und schlummert ein.
Der Schatten folgt dem Sonnenschein
Und verläßt die Stirn des schlafenden Knaben,
Der daliegt in dem Straßengraben
Im zerrissnen Kleid, von Schweiß bedeckt,
Wie der Kampf ums Dasein ihn hingestreckt.
Und nur die Hand, die er offen hält,
Vergeblich hält nach ein wenig Geld,

Verkündet sein ganzes Ungemach.
So liegt sie da, gestreckt und flach,
Und wie sie bebt vom Atmen, klagt
Sie deutlicher, als ein Wort es sagt,
Von jeder Thräne, die stille floß,
Von jedem Scheltwort, das ihn verdroß,
Von all den Schlägen, die er litt,
Kam er nach Haus und brachte nichts mit.
Im Traume hört er die Mutter schmälen,
Im Traume fühlt er ängstlich das Quälen
Von Herzeleid und was ärger — vom Hunger.
Allein vergeblich, du Dulder, du junger!
Die Herren und Damen beachten ihn nicht,
Die Wagen rollen vorüber dicht,
Und keiner, den das Mitleid bannt
Mit der ausgestreckten Kinderhand.
In die Bäder, zu Reunionen
Eilen vorbei die hohen Personen,
Die Musik schallt herüber, doch allein
Bleibt der Knabe im Sonnenschein,
Bloßfüßig, staubig, von Schweiß bedeckt,
Wie der Kampf ums Dasein ihn hingestreckt,
Gewendet die Hand zum Wege offen,
Die kein fühlender Blick getroffen.

Wundert euch nicht, hat er nach Jahren
Das Meer des Elends ganz durchfahren,
Wenn einmal er dann im Dunkel spät
Mit geballter Faust am Kreuzweg steht!

Koheleth.

Der Wind pfeift traurig durch die kahlen Äste
Hereinzieht schwarz die Nacht mit trägem Gang,
Die Vögel sind gezogen aus dem Neste,
Das Schilf im Teiche stöhnt und neigt sich bang.

Der graue Jube legt das Blatt beiseite,
Darauf er Ausbruck bittrer Klage gab;
Als ob ein Flor sich auf die Erde breite,
Als ob er stünde an der Schöpfung Grab.

Gebrückt von der durchlebten Jahre Leibe,
Schmerzt ihn der Lampe Schein, des Tages Glanz,
Das Leben scheint ihm eine dürre Haibe,
Der Menschheit Mattigkeit durchfühlt er ganz.

Unb all der Erbenwandrer unnütz Rennen,
Der Hände Schwielen unb der Stirne Schweiß,
Der Galle Bitterkeit, des Fiebers Brennen,
Des Werbens und Vergehens öben Kreis;

Die Hefe, die beim Weibe überbauert
Des Trunkes Lust, verflog des Rausches Duft,
Der Männer Lächeln, drin die Bosheit lauert,
Des Unrechts Jubel an des Rechtes Gruft —

Faßt er zusammen in des Predigers Buche.
Unb einer fragt: „Was soll uns der Verbruß?
Was folgst der Schöpfung bu mit deinem Fluche?
Das Weib wird bennoch müde nicht zum Kuß!“

„Der Vogel singt, die Blüte lacht unb alles,
Was hier bu eitel schiltst, regt neue Kraft,
Der Baum, scheint er das Opfer des Verfalles,
Birgt neuen Keim in seiner Frucht voll Saft.“

Darauf der Alte: „„Daß ich heul' unb weine,
Wen kümmert es, wenn Gott mich also will?
Er ist der Gott, ich bin der Hunb, das meine
Hab ich gesagt — nun wart' unb schweig' ich still.““

———

Montsalwatsch.

Chor der Ritter.

Hellleuchtend in des Waldes Nacht
Des Schlosses Zinnen ragen.
Hei, wenn der Wind vom Schlaf erwacht,
Wie sauft sein stürmisch Jagen
Und weckt der Wipfel Klagen!
Doch ob die Wolken trüb und dicht,
Der Zinnen Licht
Strahlt hell, wer da mag wallen,
Allen.

Eine Stimme.

Dort aus Smaragd in lichter Glut,
Umsäumt vom Demantstrahle,
Gefüllt mit Christi heiligem Blut,
Glüht wunderbar die Schale.

Wer in der Brust den Glauben nährt,
Das Herz sich weich erhalten,
Nur der ist vor dem Grale wert,
Des Ritteramts zu walten.

Er sieht, wenn sich der Tag verlor
Und rings die Schatten weben,
Zur heiligen Schale sacht den Chor
Der Engel niederschweben.

Und mischend sich in ihre Schar,
Darf er mit durstigen Lippen,
In tiefster Seele licht und klar,
Vom heiligen Blute nippen.

Und in den Augen neuen Mut,
Darf er von dannen gehen,
Und fühlt der Schönheit Zauberflut
Geheim das All durchwehen.

Und lernt des Menschen Seele ganz
Und selbst das Tier begreifen,
Und sieht das Land in fernem Glanz,
Wenn andre ziellos schweifen.

Chor der Ritter.

Unendlich ist der Wandrer Zahl,
Die tief im Dunkel schreiten —
Erblichne ist des Abends Strahl,
Die Nacht läßt ihre breiten
Flugschwingen niedergleiten.
In uns ist's hell zu jeder Frist,
Denn dein Licht, Christ,
Läßt du ins Herz uns fallen
Allen.

Die Flagellanten.

„Die Welt ist alt, dein Reich, o Herr, muß tagen,
Die Welt geht unter wie ein morscher Kahn,
Vergebens wurdest du ans Kreuz geschlagen
Und mit dem Ölzweig will kein Vogel nahn!

Wir sind verdammt, verflucht und wir gehören
Von der Geburt dem Satan schon als Raub,
Wie Schenkenlärm schallt rings ein Schmähn, Empören
Und deines Tempels Vorhang liegt im Staub.

Nur wenige sind berufen als die Deinen,
Die wissen, daß das Ende nahe schon,
In Asche neigen wir uns tief und weinen —
Wir wenige — die Verdammten Legion!

Wo, Herr, sind deine Engel? Vor der Schande
Der Welt verbergen sie ihr Haupt in Leid,
Ein Säufer ist die Welt, der schwankt zum Raube,
Ein Spieler, der verspielt die Ewigkeit.

Wer denkt noch des, was du an Qual gelitten
Auf Oliveta jenen düstern Tag?
Wer folgt noch auf dem Kreuzweg deinen Schritten
Und fühlt mit dir des bangen Herzens Schlag?

Verdammt sind heut die Priester am Altare,
Verdammt die Richter, streng und hochgelehrt,
Verdammt, was geht und steht, ob's die Tiare,
Ob es die Krone als das Höchste ehrt.

Verdammt sind, deren Fuß, vom Stolz gehoben,
Dem Volke grausam auf dem Nacken ruht,
Der Unterdrückten Seufzer fliegt nach oben,
Und teilt die Hostie man, so giebt sie Blut.

Verdammt ist alles, Banner und Patenen,
Das Kruzifix und in dem Kelch der Wein,
Verdammt im stillen Dom Gebet und Thränen,
Der Glocke Ton, der jubelnd klingt darein.

Zu Ende geht's. Das Grab der Welt ist offen,
Des Papstes Thron wankt vor des Sturmes Wucht,
Die ältsten Reiche sind vom Tod getroffen
Und leerer Schall sind Ehre, Tugend, Zucht.

O sauset nieder, unsrer Geißeln Hiebe,
Und treffet Schulter, Nacken, Hüfte, Brust,
Ihr Jäger aller sündig bösen Triebe,
Die stetig auf uns lauern in dem Dust.

O sauset nieder, netzt den Leib mit Blute,
Die Engel wohnen in der Geißeln Schlag,
Daß Gottes Gnade, die unendlich gute,
In alle Herzen sich ergießen mag.

O saust in das Geschrei, den Sang der Psalmen,
Je stärker, desto mehr der Seele Trost,
Aus unsrer Pein erwachsen uns die Palmen,
Die kühlen, was im Herzen glühend tost.

O sauset nieder, Thau ist euer Sausen,
Es ist das Fegefeuer, lobernd hell,
Ein jeder Hieb stumpft ab des Todes Grausen
Und führt uns an des Paradieses Quell.

Rinn, schwarzes Blut, den Leib herab in Bächen,
Du sündig Fleisch, in Fetzen brenne heiß,
Der Seele enger Käfig muß zerbrechen,
Und in den Wunden wohne das Geschmeiß.

Christus litt mehr! Schlagt und mit lautem Schalle
Erfüllet gegen Gott des Dankes Pflicht,
Dem Tuche der Veronika gleicht alle,
O schlaget, schlaget — doch es schmerzt ja nicht!

Dir Preis, o Herr, wir feiern dich mit Zagen,
Die Welt ist morsch wie ein verfaulter Kahn,
Sieh dieses Blut aus unserm Leib geschlagen —
Wird nun der Vogel mit dem Ölzweig nahn?"

*   *   *

So sang ein Zug von Männern, Kindern, Weibern,
Ein düstrer Zug, er ging zur Stadt hinein,
Mit Geißeln alle und entblößten Leibern
Und schlugen wo sie gingen, auf sich ein.

Und Lichter flammten und es schollen Glocken,
Vom roten Blute ward der Weg genetzt;
Am Thor des Dom's sahn alte Frau'n erschrocken
Den finstern Zug und starrten tief entsetzt.

Der Priester sah sie und verlor die Worte,
Es sah sie der Primator schreckensbang,
Es barg sich hinter seines Hauses Pforte
Der Bürger klug, allein der Chorus klang

Im Klageton durch Fenster und durch Wände:
O Herr, die Welt ist wie ein morscher Kahn,
„Wir sind verdammt, es naht das Ende, Ende,
Und mit dem Ölzweig will kein Vogel nahn.“

So klang es auf dem Markt, in Höfen, Hallen,
Und Seufzen, Schrei'n und Geißelschlag darein:
„Dein Reich ist nah, die alte Welt muß fallen —“
Und neue Wunden, neues Seufzen, Schrei'n.

Wer gläubig war, der nahm bei dieser Weise
Die Bibel, die Postille schnell zur Hand,
Es klang der Sang, er saß und seufzte leise:
Die alte Welt steht an des Grabes Rand.

Manch' einer, der dem Glauben lang entflohen,
Und in der Schenke bange sich verkroch,
So seltsam faßte ihn des Liedes Drohen, —
Er glaubte nicht, allein er bebte doch!

Die Schenke lag vereinsamt und verlassen,
Wo war die Maid, geneckt so manchen Tag?
Die Psalmen nur erklangen auf den Gassen
Und immer stärker fiel der Geißeln Schlag.

„Verdammt ist alles! Was dich tränk' und atze,
Dein Brot, dein Wein, bei jedem Mahl und Schmaus
Aus deinem Lachen grinst des Satans Fratze,
Und dein Gehirn ist seiner Sippe Haus.

„O sauset nieder, Hiebe, sonder Schonung,
Je heftiger die scharfe Geißel schlägt,
So milder Gott in seiner Himmelswohnung,
Er öffnet uns die Wunden, die er trägt.

„Und unser Blut wird sich mit seinem mengen,
Und in dem Blute wäscht die Welt sich rein,
Und, eine Taube, fliegt aus düstern Engen,
Sie wieder auf zu Lust und Sonnenschein!“

Und bald sieh auf dem Markte sich entfalten
Den ganzen Zug bei düst'rer Fackeln Glut,
Vergebens suchen sie zurückzuhalten
Des Ortes Söldner, stärker ist die Flut.

Von einem Fasse ruft ein Mönch hernieder:
„Auf, in den Staub und in die Kniee fallt!"
Bloß bis zum Gürtel, geißelt seine Glieder
Er mitleidslos, bis Blut herunterwallt.

Die Hand, die sonst den Hammer mächtig führte,
Reißt nun vom Leib den letzten Fetzen Kleid,
Die leitete den Pflug, die Ruder rührte —
In Thränen steht der Henker selbst beiseit.

Die Weiber weinen, fassen wie Verzückte
Die Geißel all und rasend trifft die Schar
Den Busen, den der Brustlatz fast bedrückte,
Und der gewöhnt an süße Seufzer war,

Ja den auch, dran noch erst das Kind gelegen —
Das Blut fließt von den Wunden in den Sand,
An Satans Netz reißt jeder von den Schlägen
Und löscht der Hölle glühend heißen Brand.

Und weinend, seufzend, ziehen durch die Gassen
Der Bürger, Priester, Weib und Kind und Greis
Den Geißlern nach in langem Zug und lassen
Ihr Geld und Gut; wohin sie ziehn, wer weiß?

Und Thränen fließen, mit dem Blut verbündet,
Und hinter ihnen bleiben Städte leer,
Der Occident von düstrer Glut entzündet,
Wird überschwemmt vom Blute rings umher.

Od' Haus um Haus, kein Fuß betritt die Schwelle,
Die Wiegen leer, des Herdes Feuer tot —
Der Hund hebt auf dem Markte sein Gebelle,
Und nur der Himmel ist so blutig rot.

Und in den Dunst und Rauch tönt lautes Klagen
Und schaurig hallt's, ein heulender Orkan:
„Die Welt ist alt, dein Reich, o Herr, muß tagen,
Und mit dem Ölzweig will kein Vogel nahn!"

———

Natur.

Prolog.

Aus Thau und Duft zieht in die Seele,
Aus Sonnenschein und Amselkehle,
Aus Waldesnacht, aus Wiesenrauch
Mir mächtig Licht und Klang und Hauch.

Und aus der Pracht, die Blüten weben,
Les' ich, daß mir auch Blüh'n gegeben,
Und daß ich glühe, mahnt mich klar
Die lichte Schrift der Sterneschar.

Mein Herz kann lieben und vertrauen,
In seine Nacht bricht Morgengrauen,
Ein weißes Röslein schließt es ein,
Mitleid und Lieb' für alles Sein.

Natur gießt rings des Friedens Labe,
Giebt Schmuck den Felsen und dem Grabe,
Umblüht die Wand, die stürzen will —
Ich folge ihren Spuren still.

Der Geist der Einsamkeit.

Im Wall der Berge, in der Föhren Waldnacht,
In welcher kaum der langgezogne Schrei
Des Adlers aus den Wolken dringt ans Ohr,
An einer Tanne wildzerriſſnen Stamm
Lehnt er, versunken in sein stilles Träumen...

4

Schlummert der Wald in voller Glut des Mittags,
Dann heftet auf des Mooses bunten Teppich
Er gern sein Aug', das forschend scharfe Auge,
Und sucht im dünnen Gras, des Mooses Blättchen
Die großen, ewig dauernden Gesetze,
Die das Getriebe der Natur bewegen.
Da netzt des Waldes Blumen er mit Perlen,
Da zeichnet auf die Flügel eines Falters,
Der, von der Sonne Mittagspfeil getroffen,
Auf einem aufgeblühten Farne schlummert,
Die Form er eines Totenschädels hin,
Da löst er eine Fliege aus dem Netze,
Da glättet er im Moos ein blaues Glöckchen,
Das eines flüchtigen Rehes rascher Fuß
Im eiligen Lauf zu Boden hat gebeugt,
Da flicht die Fäden eines Spinngewebs
Von Zweig zu Zweigen mit gewandter Hand
Er spielend in ein regelrechtes Netz.
Doch wenn der nebeldüstre Abend ihm
Die Sonne reißt vom Haupte, seine Krone,
Da fängt für ihn erst recht die Arbeit an.
Sei's, daß er an dem dunklen Firmament
Der Sterne ewig Fackellicht entzündet,
Sei's, daß er Ambra gießt in Blütenkelche,
Auf daß am Morgen sie mit holdem Atem
Die frische Luft des jungen Tags versüßen.
So spinnt auch oft, in grauer Nebelwolke
Auf einen Felsen tief sich niederneigend,
Er um den Stein des Epheus freundlich Laub,
Oder umzieht die kahle Stirn der Blöcke
Still mit der Hauswurz immergrünen Rosen.
Und wenn der Sternenmantel sich der Nacht
Auf seine Schultern sanft und willig legt,
Des Mondes Spange auf der Stirne ihm
Des Abends Schatten zauberhaft verbindet,

Da fliegt er durch das weite Reich des Weltalls,
Und die Natur erbebt, berührt die Thale,
Die schlummernd liegen, seines Kleides Saum.
Was ist der Mensch ihm, was die ganze Erde?
Was unsrer Schmerzen kleinlich bange Seufzer?
Was ihm der Sterne Reich, des Meeres Tiefen?
Was die Gedanken ihm, in deren Wirbel
Bebt der Verstand, wie Funken in der Asche?
All dies durchschaut sein helles, klares Auge,
Die Rätsel alle, jegliches Geheimnis
Liegt vor ihm da — ein aufgeschlagnes Buch!
Und wenn er dieses Buches Blätter wendet,
Wälzt sich am Himmel hin des Donners Stimme,
Und wenn der Blitz der Bäume Wipfel spällt,
Gräbt er in dieses Buches Felsendeckel
Die Runen ein, die Schrift der Ewigkeit!
Die gierige Hast der Welt ist ihm ein Greuel,
Und so gesellt er sich nur allzu selten
Dem Sterblichen; und schon durch seinen Schritt
Emporgescheucht aus seinem stillen Sinnen,
Fliegt er, ein Falter, in des Äthers Reich.
Nur manchmal eines Sehers, Dichters Traum
Erregt er mit der Schönheitssehnsucht Stachel
Und facht den Funken aus dem Auge Gottes
Zur mächtigen, erhabnen Flamme an.
O selig der, der seiner milden Führung
Den Adlerflug der Phantasie vertraut!
Empor zur Höhe leitet er sie stets
Und mit dem goldnen Schlüssel echten Fühlens
Schließt er das Reich der Ideale auf.
Ein andermal bringt in der Herzen Grund
Er tief hinein, wo die krystallnen Wellen
Der Menschheit frische Quelle rinnen läßt.
Da ruht er nun in sanftem Selbstvergessen,
Erleuchtet mit der Wahrheit ewiger Fackel

Das dunkle Ziel des menschlichen Geschlechtes,
Und sucht die Pfade auch, das Ziel zu finden.
Den bittern Kelch der schmerzlichen Verkennung,
Den oft der Dichter leert bis auf den Grund,
Kränzt er mit unvergänglich hellen Rosen
Und gießt hinein den Nektar ewigen Ruhms.

So sah ich ihn im stillen Wald der Föhren
Und überm Sturzbach, der herniederschäumte,
Wies er im Blitz mir sein erhabnes Antlitz.

Du hehrer Geist, der aus dem Groll des Sturmwinds,
Wie aus dem Duft der Blumen zu mir spricht,
Du hobst empor mich aus dem Staub des Alltags
Und gabst mir ein fast unerreichbar Ziel,
An das zu denken mich schon beben macht.
Du hast belebt mir das gesunkne Wollen,
Hast meines Herzens schlaffgewordne Saiten
Durchrauscht aufs neu mit mächtigem Accord
Und heute noch, wenn voll Ergriffenheit
In Thränen ich verstumme, schlägst du selbst
Die Saiten an mit deinen Sternenschwingen!
Du lehrtest kennen mich des Weges Ziel,
Du rütteltest mich auf, wenn ich die Tage
In leerem Schmerz unthätig ließ verrinnen.
Du zeigtest mir, daß jener weiche Sang,
Von dem die Kehle bebt der Nachtigall,
Die Schwester meiner träumerischen Lieder,
Und daß mein Geist, der Funke voller Glut,
Ein Teil der ganzen mächtigen Natur ist,
Die selbst in ihrer immer neuen Wandlung
Der Abglanz ist vom ewigen Gottesantlitz!
Du lehrtest mich, daß all die Wälder, Wasser,
Die Berge in des Herbstes buntem Schmuck,
Des Himmels Wölbung, reich von Sternen schimmert
Ob heiter oder aufgewühlt vom Sturme,

Ein kostbarer Besitz sind meiner Seele,
In dessen schauergroße Symphonie
Ich mischen darf der Lieder Lust und Leid!
Du wehst durch mich, ob mir die Freude gütig
Des Lebens Dornen mit der Sehnsucht Epheu
Und mit der Liebe Rosen, hold durchflicht,
Ob mich die Trauer in die offnen Arme
Empfängt mit einem Kranz von herbem Wermut
Und Gift mir in des Herzens Wunden träufelt.
Nach dir hin wendet immer sich mein Lied,
Du steh bei mir im Mißgeschick des Lebens
Und drück' im Sterben mir das Auge zu,
Und über meinem Grab, mag auch gestürzt sein
Der Stein, der mein Gedächtnis soll verkünden,
Und ganz verwischt, was Freundeshand drauf schrieb,
Du schütte Rosen auf die dunklen Trümmer
Und winde Epheu um den armen Stein,
Und in den Dämmer an der Kirchhofsmauer
Setz' eine ganze Schar von Nachtigallen,
Daß sie auch dann mit ihrem süßen Lied
Im Sehnsuchtslaut zu meiner Seele sprechen!

Pastell.

Die Gassen lieb' ich, die statt dunkler Massen
Gradliniger Häuser Gärten noch umfassen,
Wo Epheu deckt die Wand von allen Seiten.
So still ist's, selten siehst du jemand schreiten,
Dann hallt sein Schritt. Zumal im ersten Blühen,
Wenn selbst die Wand von Jugend scheint zu glühen,
Lieb' ich den Pfad. Die Blätter sprießen wieder,
Die Meise rüstet ihre neuen Lieder
Im engen Haus, es duften warm die Schollen,
Die alten Pappeln strecken sich und wollen

In die Paläste raunen Frühlingskunde.
Ich geh' allein. Auf meines Herzens Grunde
Ist Frühling auch. Ja, heut kam seine Wonne,
Durch schattige Äste spielt so froh die Sonne —
Da, Schritte! Sieh, auf diesen stillen Wegen
Kommt eine graue Schwester mir entgegen;
Sie trägt zwei aufgeblühte Hyazinthen:
Die eine glüht in flammend roten Tinten,
In Weiß die andre, wie der Mond es zeigt.
Ich sehe noch, wie sich die Nonne neigt
Auf ihre Blumen, scheu, den Blick voll Trauern.

Der Veilchen Duft bringt über Gartenmauern.

Merlins Grab.

Er schläft im Wald, wohin das Licht nie bringt,
In jenem Eichenstamm, drin er erlegen
Ohnmächtig eines Mägdleins Zaubersegen,
Daß mit dem Moos sein Bart sich nun verschlingt.

Doch sieht er gern, wo frisches Leben winkt,
Den Thau der Flur, des Nebels duftig Regen,
Sein Herz bringt durch den Bast mit warmen Schlägen,
Indes der Vogel, seine Seele, singt.

Durchbricht ein fröhlich Lied des Waldes Schweigen,
Der Hunde Bellen und der Jagd Getose,
Da wacht er auf und nickt mit seinen Zweigen.

Doch sieht er, wie ein Paar sich liebend schmiege
Da unter ihm, vereint im weichen Moose,
Dann lächelt er, ein Vater an der Wiege.

Aus den melancholischen Serenaden.
(22.)

Nichts kann so schmerzlich stimmen,
Als bei des Tags Verglimmen
Die Töne einer Flöte,
Die sehnsuchtsvoll verschwimmen.

Aus den Bäumen klingen,
Aus dem Dunkel bringen,
Hörst du's heimlich: Junge Träume,
Ach, daß sie vergingen!

Seufzen, Atmen, Bangen,
Weich und traumbefangen,
Wie der Hauch der Liebsten, streifend
Augen dir und Wangen.

Hör's vom Schilf her schweben,
Sanft und hingegeben,
Zitternd, wie des Busens Wogen
Unter Küssen beben.

Wehmutsvolle Wellen!
Dieses duftige Schwellen,
Aus dem Kelch der Blüte Nacht scheint
Tönend es zu quellen.

Nichts kann so schmerzlich stimmen,
Als bei des Tags Verglimmen
Die Töne einer Flöte,
Die sehnsuchtsvoll verschwimmen.

Löwenzahn.
(Rondeau.)

Lauter Gold schmückt meine Bahn!
Löwenzahn seh' rings ich winken,
Häuft' man ihn auf einen Plan,
Müßt' das Dorf darin versinken —
Feld und Wald nur Löwenzahn!

Und die Blüten all! Es nahn
Ihnen Bienen rasch, die flinken,
Tragen fort, was sie ersahn,
Lauter Gold!

Falter, prächtig angethan,
Wespen, welche golden blinken,
Kommen, aus den Kelch zu trinken —
Ist's ein Wunder, daß umfahn
Hat mein Herz in holdem Wahn
Lauter Gold?

Frühlingslied.

Die Lerche steigt empor beglückt —
Und nieder
Schickt auf die Welt, so reizgeschmückt,
In Wolken unserm Blick entrückt,
Den Perlenregen sie der Lieder.

Und wie von Gold ist all ihr Klang,
Der volle,
Die Erde lauscht ihm sehnsuchtsbang,
Fühlt innen tief der Knospen Drang
Und duftet mit der frischen Scholle.

Die Kastanie blüht.

Sieh, rot und weiß blüht die Kastanie wieder,
Ins Fenster blickt der düfteschwere Flieder,
Die Erde wiegt im Licht sich wie im Traume,
Der alte Kopf erblüht dem Apfelbaume.

Du Dichter stehst in all dem Zauber drinnen
Und trägst im Haupt das alte trübe Sinnen;
Die Sphinx beginnt sich wiederum zu regen
Und streckt zum Streit die Klaue dir entgegen.

Denn einem Schicksal seh ich dich erliegen:
Der Vogel wird mit Lust durch Zweige fliegen,
Blüten der Baum, die Welle Silber tragen —
Du gehst vorüber und wirst immer fragen.

Die alte Wand, gekommen lang ins Wanken,
Bedeckt des Pfirsichs Zweig mit Blütenranken,
Die Kirschen reifen und die Bienen jagen —
Du gehst vorüber und wirst immer fragen.

Cyanen blinken und die Ähren sinken,
Im Buchenstamm verschlungne Namen winken,
Die Astern streut der Wind umher mit Klagen —
Du gehst vorüber und wirst immer fragen.

Du fragst umsonst und singen mußt du immer,
Die Wunden decken mit der Blüten Schimmer,
Und ward dir Wahrheit an den dunklen Borden,
O Ironie! dann bist du stumm geworden! — —

Der grause Abgrund! Daß ich ihn verhülle,
Bringt Rosen, Nelken und Jasmin in Fülle,
Des Herzens und der Erde Blüten, alle —
Was liegt an mir? — Daß weich die Menschheit walle!

Strophen im Frühling.

Warum ist unser Herz nicht gleich dem Baume?
Warum darf es nicht neu in Liebe blühen?
Warum bleibt's tot des Frühlings holdem Traume?
Darf nicht, dem Baume gleich, im Lichte glühen?

Träuft in das Herz der Thau der Liebe nieder,
Was thun, daß seine Wonne nicht entschwinde?
Den Baum umflammen junge Knospen wieder,
Er träumt vom Glück, erquickt vom Abendwinde.

Allein das Herz, losch einmal ihm der Segen
Der Liebe aus, lebt von Erinnerungen —
Warum in ihm soll, wie im Baum sich regen
Nicht neu das Glück, das herrlich es durchklungen?

Umsonst nach jenem Lenz die Wünsche fliegen,
Ging er vorbei, er wird nicht wieder thauen —
O Kind, laß fest uns aneinander schmiegen,
Ganz fest und innig bis zum Morgengrauen!

O laß uns lieben! Lipp' an Lippe schließen,
Der Liebe ewige Flammen um uns schlagen!
Wie Grün im Thau, will Lieb' im Kusse sprießen,
O laß von ihrem Ocean uns tragen!

Daß, wenn die Locken uns gebleicht nach Jahren,
Uns nicht beim Worte „Glück" erfass' die Reue,
Daß innen wir den ganzen Frühling wahren
Und ruhig sehen, blüht der Baum aufs neue!

An den Mond.

Du lichte Blüte aus des Dunkels Schacht,
Gieb, daß ein Strahl sich meiner Brust vermähle,
Hör' meinen Sterbegruß, Cäsar der Nacht,
Pokal des Friedens, neig' dich meiner Seele!

Leucht', bleicher Mond in schlafumfangne Hütten,
Mit Feenhand rühr' an die Stirn den Kindern,
Geh', Silber auf der Armen Bett zu schütten
Und jenen, die da krank, den Schmerz zu lindern.
Wer in Verzweiflung sitzt auf seinem Lager,
Weil stumm die Sphinx auf seiner Fragen Dringen,
Mit deinem Licht erhelle du den Frager,
Daß Ruhe ihn umweh' mit holden Schwingen!

Du lichte Blüte aus des Dunkels Schacht,
Gieb, daß ein Strahl sich meiner Brust vermähle,
Hör' meinen Sterbegruß, Cäsar der Nacht,
Pokal des Friedens neig' dich meiner Seele!

Legt einer wo sich auf die Schienen nieder,
Laß deinen Strahl die Seele ihm umschweben,
Und aus der Schlucht des Unheils reich' ihm wieder
Den Ariadnefaden in das Leben;
Späht nach dem Opfer in des Waldes Schweigen
Ein Sohn der Not, spiel' auf der blanken Waffe,
Daß ihm die Jugend wieder auf mag steigen
Und neu die Lieb' in seinem Herzen schaffe!

Du lichte Blüte aus des Dunkels Schacht,
Gieb, daß ein Strahl sich meiner Brust vermähle,
Hör' meinen Sterbegruß, Cäsar der Nacht,
Pokal des Friedens, neig' dich meiner Seele!

Und giebt ein hungernd Mädchen preis die Tugend,
Dann leuchte auf die Schönheit ihres Leibes,
Führ' ihr zurück die Träume ihrer Jugend,
Zeig ihr den Stolz der Mutter und des Weibes;
Schaut auf zu dir ein Dichter, der im Geize
Nach Ehre fleht, nur Schönheit mög' sein Los sein,
Sag' ihm: Es hat auch diese Erde Reize,
Und besser ist's im Leben gut, als groß sein!

Du lichte Blüte aus des Dunkels Schacht,
Gieb, daß ein Strahl sich meiner Brust vermähle,
Hör' meinen Sterbegruß, Cäsar der Nacht,
Pokal des Friedens, neig' dich meiner Seele!

Wo Liebende sich aneinander schmiegen,
Die Lippe, was das Herz ersehnt, gefunden,
Wo auf zum Paradies die Thore fliegen
Und vom Entzücken jeder Laut gebunden,

Wo sein Idol der Künstler ganz umfangen,
Und Leben fühlt Pygmalion im Blocke —
Da birg du deines Lilienlichtes Prangen
Mild unter des Gewölkes dunkler Glocke!

Du lichte Blüte aus des Dunkels Schacht,
Gieb, daß ein Strahl sich meiner Brust vermähle,
Hör' meinen Sterbegruß, Cäsar der Nacht,
Pokal des Friedens, neig' dich meiner Seele!

Sommermeditation.

Jetzt ist des Reifens heilige Stunde,
Da Kraft aus Anmut werden muß,
Da Sonne sich mit heißem Munde
Zur Erde niederneigt im Kuß.

Die Blüte welkt und sinkt zur Erden,
Im Schatten wächst die Frucht empor,
Es harrt das Gras, gemäht zu werden
Und ausgetrocknet liegt das Moor.

Jetzt forsche in des Herzens Räume,
Dring in die eigne Seele ein —
Vorbei ist's mit des Morgens Träume,
Es naht des Mittags starker Schein.

Reift jetzt zur That dir nicht das Streben,
Fand jetzt dein Lied kein Echo klar,
Dein Herz nicht Liebe, ist dein Leben
Verwirkt auf immer, immerdar!

Ernteabend.

Das Abendrot wirft seinen letzten Schein
Aufs Dorf hinab und badet in dem Flusse,
Die Peitsche knallt, es fährt zum Dorf hinein
Der letzte Wagen an des Tags Beschlusse.

Und wie er hochbeladen langsam rollt,
Streift an der Erde hin der Ähren Menge,
Und wie er fährt, scheint er getaucht in Gold,
Und hinter ihm Gelächter und Gesänge.

Bevor der Mond empor am Himmel zieht,
Lockt es den Geist, ins Meer des Traums zu schweifen,
Die Grille geigt wo unterm Moos ihr Lied,
Die Ähren rascheln, die den Boden streifen.

Durch diese Ähren spricht der Erde Mund:
„Ich gab euch alles hin: die vollen Garben
Dem starken Mann, dem Weib den Teppichgrund,
Dem frohen Kind der Blumen bunte Farben.

„Sobald der erste Wind die Stoppeln streift,
Eint euch beim Feuerherd manch' alte Sage,
Indes in mir der neue Frühling reift
Und ich im Schnee die Einsamkeit ertrage.

„Die Brust zerreißt der Pflug mir und ihr sucht
Die Wunden auf, die Keime drein zu legen,
Allein ich geb' euch Segen, wo ihr flucht
Und send' im Mohne euch mein Blut entgegen.

„Der Gottheit Abbild, schaff' ich Tag um Tag,
Und meine Werdekraft ist ohne Ende,
Ich frage nicht, wer säen, wer ernten mag,
Ich raste nicht, ich schaffe nur und spende.

„Ich höre gern des Pflügers Ruf, der Schritt
Des Pfluggespannes macht mir nicht Beschwerde,
Fühl ich doch ganz den Schweiß der Bauern mit,
Der Fliegen Schwarm, den Schaum am Mund der Pferde!"

So klingt es von den Ähren in mein Ohr,
Die aus den Garben bis zur Erde ragen —
Da tritt in bleichem Glanz der Mond hervor
Und schwankt im Wasser, gleich dem Erntewagen.

Das Abendrot erlischt. Und Schatten gehn,
Ich sehe, wie durchs Laub der Mondschein gleitet,
Und das Gespann, wie es Homer gesehn,
Mit schwerem Wiegeschritt nach Hause schreitet.

Gottseele.

Ein einziger Stern am Himmel von Opal,
Von dem die Strahlen silbern niederbeben,
Und deine Seele, fast erschöpft von Qual,
Fühlt rings noch eine zweite Seele schweben.

Kam aus des Flusses Tiefen sie empor?
Haucht sie die Blume aus mit ihren Düften?
Rief sie des Abendrots Rubin hervor?
Schlief sie den Tag in kühlen Bergesklüften?

Nun ist sie plötzlich da und schwebt umher,
Umfangend alles mit den sanften Wellen,
Hüllt Strom und Felsen in der Ruhe Meer,
Läßt ihren Hauch durch Wald und Auen schwellen.

In ihr verschwimmt des Dörfchens Glockenklang,
Das Wagenrollen und Gesumm der Fliegen,
Bis endlich selbst sie über Wald und Hang
Sich ausgießt, sie im Traume zu umschmiegen.

Und du, des Fuß am dunklen Abgrund schwebt,
Kannst selbst kaum sagen, was sich dir vermähle,
Ob deine Seele in der andern bebt,
Ob in dein Innres zieht die Gottesseele.

Ein Schimmer ist es nur, ein Tropfen Thau,
Ein licht Gewand nur im Vorübergleiten,
Ein weißer Flügel über dir im Blau,
Der blitzt im Flug und gleich versinkt im Weiten.

Zwei Lieder für meine Tochter.

1. Frühlingslied.

Sieh, Mila, braune Knospen zeigen
Sich schon an dem Kastanienbaum
Und Gänseblümchen stehn im Reigen
Vereint auf einer Scholle Raum.

Die Schwalben tummeln ihr Gefieder,
Und auch die Störche säumen nicht,
Gleich ist bei uns der Frühling wieder;
Fühlst du? er weht dir ins Gesicht.

Er trägt den Duft auf seinen Schwingen,
Er schüttet ihn auf Feld und Wald,
Im Käfig will die Drossel singen,
Und auch des Kuckucks Ruf erschallt.

Und überall giebt's Glanz und Schimmer;
Wie reich die Sonne spenden mag,
Das Licht, die Freude endet nimmer,
Und Sonntag ist ein jeder Tag.

Das wird ein Spielen sein und Hetzen
In der Allee, im Hof daheim,
In meine Träume tönt dein Schwätzen,
Dein Lachen klingt in meinen Reim.

Da giebt es wieder Ball und Reifen
Und frohen Wettsprung immerzu,
Und um den Schmetterling zu greifen,
Gönnt sich dein Füßchen keine Ruh'.

Es blitzt der Pfad in hellem Zuge,
Ein Blumenmeer ist jeder Baum,
Der Falter eine Blüt' im Fluge,
Die Blüt' ein Schmetterling im Traum.

Dann werd' ich still am Fenster stehen,
Ins Blau verliert mein Auge sich,
Und fröhlich und zufrieden sehen:
Das alles ist, mein Kind für dich!

2. Herbstlied.

Sieh, Mila, die Kastanien springen!
Du kannst ihr goldnes Herz schon sehn,
Wie's sucht das Pelzlein zu durchbringen.
Den Turm umschwirren schwarze Kräh'n.

Gerötet sind der Apfel Wangen,
Die Leitern sind schon auch bereit,
Die Trauben blau herniederhangen,
Gleich ist sie da, die Winterszeit.

Jetzt giebt es Birnen, golden schwebend,
Die süßen Pflaumen häufen sich,
Der letzte Falter grüßt dich bebend
Vom silberhaarigen Wegerich.

Nun kommt das winterliche Wetter,
Die Staare ziehn mit Lärm und Schrei'n,
Und in dem Rascheln welker Blätter
Durchschreitet still die Nacht den Hain.

Nun in die Stadt! Es braucht kein Reden,
Du selbst bist ungeduldig schon;
Geschlossen sehn wir bald die Läden,
Entführt von hier uns der Waggon.

Sie schließen sich wie müde Lider,
Sucht auf der Mensch den stillen Pfühl;
Im Wald und in dem Thale wieder
Wird's windig sein und wieder kühl.

Da wirst du erst gefallen lassen
Ein Buch dir, Abends still am Herd,
Wenn Nebel lagert auf den Gassen
Und klingelnd hin die Tramway fährt.

Zu Füßen wird der Hund dir liegen,
Sein Aug' blickt seelenvoll dich an,
Dann werden Kopf an Kopf wir schmiegen
Und doppelt uns genießen dann.

Nach dem Regen.

Schon bricht das Blau hindurch.   Demantbesetzt
Sind reich im Wald die Bäume,
Der Bach, der mit Geschäume
Herniederschießt, jagt tollend, lacht und schwätzt.
Horch all der Wasser Ringen
In den Felsen widerklingen!
Mir ist es, jetzt
Steht drinnen Pan, vergessend aller Tücken,
Läßt über Haar und Rücken
Sich ohne Ende
Rinnen die Flut mit innigem Entzücken
Und klatscht froh in die Hände.

Herbstlandschaft.

Wie sammelte die Sonne heut die Strahlen,
Die weit zersprengt den Nebel kaum durchdrangen,
In einen Strom des Lichts und übergoß
Zum Abschied noch den West mit goldnem Glanze!
Wohin das Auge sah, war lauter Gold.
Den Fischerhütten schlief's in niedern Fenstern,
Hing in den Bäumen, floß in dichtem Regen
Von ihnen nieder, heller von den Birken,

5

Und purpurfarben von des Ahorns Zweigen.
Breitflüssig bebt' es auf des Flusses Wogen.
Von ihm erhellt, lag bunt die Bergeslehne
In blassem Gelb bis zum Orangenrot,
Und oben im Gewölk des Herbstes glomm
Das Firmament von flammenden Topasen.
Ans Land fuhr unser Kahn und kaum berührte
Der Fuß das Ufer, flüsterten die Blätter,
In denen die geborstene Kastanie
Aus braunem Kleid das goldne Herz enthüllte.
Die Luft war satt vom starken Duft des Laubes
Und zitterte, als klängen in ihr aus
Die letzten und schon blaßgewordnen Spuren
Der Träume, Phantasien und der Küsse,
Der Worte, Schwüre, die im milden Mai
Und heißen Juni hier bewegt die Herzen.
Am Ufer spielten in dem welken Laub
Des Fischers Kinder, goldgelockt und barfuß,
Mit großen Augen, drin sich die Cyanen
Natur hat übern Winter aufbewahrt;
Zwei Kinder wollten einen Nachen wenden,
Die andern warfen gelbes Laub umher
Und lachten laut und jagten längs des Ufers.

Frieden im Herzen.

Ich weiß nicht, wie er in mein Herz sich stahl,
Ich weiß auch nicht, wann er entfliegt von hinnen,
Ich weiß nur, daß er licht ist, wie ein Strahl,
Wie Mondenschein, drin süß die Thränen rinnen.

Und ich empfinde seine Zaubermacht
Und seinen weichen, wundermilden Segen,
In seine Tiefe tauch ich nieder sacht
Und fühle seinen Hauch mich sanft umhegen.

O Himmelswandrer, ob ihr Engel seid,
Ich fühl' von fern den Flug, der euch verkündet,
Ob Seelen ihr, gesandt in unser Leib,
Mit denen wir in Liebe einst verbündet:

Mein ganzes Herz ist euer Tempel heut,
Und Groll und Trotz und Schelsucht sind ihm ferne,
Es ist ein Meer, das stürmisch lang gebräut
Und nun sich in den Mantel hüllt voll Sterne.

Ich frage nicht, wie lang es währen soll,
Wie lang ich dem Geschicke darf vertrauen,
Ich fühle nur, mein Herz, des Jubels voll,
Verliert dem Vogel gleich sich hoch im Blauen!

Pastell.

Mitten im Wald ein Einsiedler steht
Von dem Nebel des Morgens umweht,
Steht bei dem Betstuhl aufrecht da.
Rechts sein Häuschen, es ist ganz nah,
Ist umrankt von blühender Bohne.
Auf dem Stuhl liegt eine Melone,
Und daneben ein Bündel Rüben.
Kommt ein Kaninchen vom Walde drüben,
Spitzt die Ohren, es hat Appetit,
Frißt und auf des Sieblers Habit
Sieht man der Ohren beweglichen Schatten.
Amse im Sande kennt kein Ermatten.
Die Luft ist still und traumgewiegt.
Der Schädel selbst, der am Boden liegt,
Ist voll Thau und ist voll Glanz,
Drein getaucht ist die Wiese ganz
Mit den Blüten, gelb, weiß und blau,
Gar so lieblich in Farbe und Bau.

Idyllenwinkel.

Am Wasser Weiden, die sich niederneigen,
Bis sie den Bach berühren mit den Zweigen,
Und in dem Thal hält eine Pappel Wache,
Den Fuß umspült von jenem kühlen Bache.
Der Haselstrauch wehrt jedem Strahl des Lichtes.
Da sitzt ein Mädchen rosigen Gesichtes,
Blauäugig, barfuß, etwa von sechs Jahren.
Nach einer Kuh kehrt es den Blick, den klaren,
Von saftigen Gräsern voll die braunen Hände.
Das Aug' voll stummen Dankes für die Spende,
Sieht auf das Kind die Kuh und mit Vertrauen
Geht sie daran, die Gräser aufzukauen.
Schafgarbe, Löwenzahn, Ranunkeln, Kressen
Frißt sie, voll Schaum die Zunge. Leergefressen
Hat sie die Hand, sie sucht im Schoße weiter.
Zwei Wasserjungfern gaukeln hell und heiter.

Der Herbst ist gekommen.

Welk in den Staub
Raschelt das Laub.
Leise schlich sich der Herbst herein,
Kam über Nacht im Nebel gegangen,
Sänftigt die Gluten, dämpft das Prangen,
Färbt uns die Blätter mit goldenem Schein
Und welk in den Staub
Raschelt das Laub.

Und ich trat aus dem Park. Da waren
Feucht die Felder ringsum und leer,
Zwischen den Stoppeln wackelten Scharen
Schnatternder Gänse verstreut umher.

Fern dort beim Wald, im silbernen Qualme,
Sah einen Schnitter allein ich stehn,
Sah ihn die letzten goldenen Halme
Still mit der Sense niedermähn.

Und mir war's, der Mann in der Ferne
Sei der Herbst, der eben erschien,
Thränen zu gießen in Blumensterne,
Spinnweb um alle Balken zu ziehn.

Er sei der Herbst, der gekommen so leise,
Und wie der Hieb der Sense droht,
Hör' ich klagen der Ähren Weise:
Das ist der Herbst, das Ende, der Tod.

Welk in den Staub
Raschelt das Laub,
Leise schlich sich der Herbst herein.
Blätter und Bänder aus fernen Tagen
Zieht er aus der Erinnerung Schragen,
Aber das Herz hat nicht goldenen Schein,
Drin fällt das Laub
Welk in den Staub.

———

Beim Untergang der Sonne.

Warum spricht inniger des Tages Neigen
Zur Seele, als der Morgen, hell und offen? —
Ist's weil sie mehr die Nacht liebt und ihr Schweigen,
Und mehr zur Trauer hinneigt, als zum Hoffen?

Und diese Trauer ringt vielleicht nach Tönen,
Wenn sich der Flor der Schatten mählich breitet,
Und sie das Grab des Glücks, der Lieb', des Schönen
Im Wolkengrab sieht, drein die Sonne gleitet?

Mag lieblich sein und mild des Tages Sterben,
Und flammen in der Farbenpracht Vergeuden,
Mag es mit trübem Grau den Himmel färben,
Die Schmerzen weckt es früher, als die Freuden.

Ein Tag floh, wieder einer! Bot sein Dauern
Dir Frucht des Glücks, und kam dir hier entgegen
Ein Himmelsgast — es füllt dich doch nur Trauern,
Daß er nun schwindet und ein schmerzlich Regen

Bewegt die Seele, braus der Duft, der süße,
Mit jedem Tage immer mehr verwittert —
So kommt es, winken nachts der Sterne Grüße,
Daß wehmutsvolle Ahnung dich durchzittert.

Erfuhrst du Glück, warum muß es entfliehen?
Erfuhrst du keins, warum ward es den andern?
So fühlst du Bitternis dein Herz durchziehen
Und über deine Stirne Schatten wandern.

Du weißt, was stirbt mit jenem Zauberlichte,
Und was versinkt, du siehst es fliehn in Sorgen:
Das Stück von dir, vom göttlichen Gedichte
Nie bringt es wieder der banale Morgen.

Winternacht auf dem Dorfe.

Leise auf die Erde rinnt des Mondes Schein,
Und die Bäume seufzen und sie nicken drein.

In die schwarzen Schatten fällt ein lichter Streif,
Nebel deckt die Scheuern und den Wald der Reif.

Auf dem Dorf entfremdet bin der Welt ich ganz,
Mit den Pappeln träum' ich hier im Mondenglanz:

Wie vom Ball die Wagen rasseln durch die Stadt,
Wieviel Füße müde, wieviel Augen matt —

Welke Blüten — aber was im Herzen blüht
Bricht mit Glockenjauchzen hell aus dem Gemüt.

Und ich, stiller Träumer, fühle in der Brust
All der jungen Herzen Glück und Licht und Lust.

Fühl' dies Glück der Liebe voll im Herzen mein,
Und ich glaub, es bringt mir noch ins Grab hinein.

Gefrorne Scheiben.

Die Welt ist unter mir versunken,
Kaum daß ein Laut Erinnrung weckt,
Im Zimmer glühn demantne Funken,
Die Scheiben starren eisbedeckt.

Und Silberblumen nicken leise,
In meinen Traum klingt süß ihr Ton —
Das ist die Tramway auf der Reise
Und leicht erbebt das Haus davon.

Und wieder stille ... Stimmen ferne ...
Im Schnee verhallt ein Schritt allein,
Und Halme, Blumen webt und Sterne
Der Frost mir in die Scheiben ein.

Das ist ein reiches Feld von Blüten,
Lianen, Palmen allerhand,
Vom Lärm der Stadt, mich mild zu hüten,
Trennt mich die zartgebaute Wand.

Es singt das Gas, es sprüht in Funken
Der Tschibuk und es raucht der Thee,
Die Welt ist unter mir versunken,
Ein Märchen leb' ich, leb's von je.

Und um mein Haupt auf luftigem Pfade
Ein Heer von bunten Träumen zieht —
Ich bin der Schah, nun, Schehrasade,
Spinn' deine Märchen mir, mein Lieb!

Ewiger Frühling.
(Rondeau.)

Bedecken mag des Schnee's Talar
Rings Feld und Wald mit totem Schweigen,
Ich grüß' im Sonnenschein doch klar
Schon jetzt der Blumen bunten Reigen,
Das frohe Lied der Vogelschar.

Mag auf dem Schnee in Paar und Paar
Der Spatz sich ungebärdig zeigen,
Den Baum Demanten ganz und gar
  Bedecken —

Bald löst in Tropfen sich fürwahr
Der Mantel, grün wird's auf den Zweigen,
Beim Pflug wird hell ein Liedchen steigen.
So seh' den Lenz ich immerdar,
Mag auch des Alters Schnee mein Haar
  Bedecken.

Weihnachten.

Die weichen Glockentöne gleiten
Hin übern Schnee, verstummen dann;
Heut schwingen in mir alle Saiten,
Der Jugend Zauber schlägt sie an.

Regt nur ein Baum die Äste, sprengen
Sie mit Krystallen hell das Moos,
Vom Dach die Zapfen niederhängen,
Fast wie die Orgelpfeifen groß.

Von Lilien ist der Grund umwoben,
Und Gott, der Herr, hat heute sacht
In Fenstern Lichter, Sterne droben,
In Augen Frohsinn angefacht.

Die alten Lieder tönen linde,
Des Krippenspieles Traum umschlingt
Mein Haupt, wie, hergebracht vom Winde,
Der Klang von fernen Schellen klingt.

Ins Meer des Glücks, das ohne Grenzen,
Tauch ich hinab, mein Herz wird weit,
Und Glocken läuten, Lichter glänzen —
O Weihnachtszeit, o Weihnachtszeit!

Merlins Nachtgesang.

Du bleiche Mondessichel,
Die hinterm stillen Abhang
Emportaucht und dort überm Saum des Waldes
So leise zittert, wie der Liebe Lächeln,
Sei mir gegrüßt! Durch Wolken
Winkt heute freundlich mir dein Antlitz, doppelt
Mir drum willkommen, denn du schimmerst mir
Durch ihren Flor, wie durch den dichten Vorhang
Am Altar strahlt die Lampe.

Vorm Angesicht des Schöpfers
Gehst still du seit Aonen,
So wie ein Cherub, der ihm treulich dient,
Vorm Angesicht der Erde
Gehst sanft du seit Aonen
Sowie ein Schutzgeist, der sie sorglich hütet,
Vorm Angesicht der Menschheit,
Gehst du mit mildem Lächeln
Sowie ein Freund, der alles dämpft zum Einklang.

Du strahlest den Beglückten,
Die Rosenduft am innigsten verstehen,
Die ihre Herzen leihen
Dem Widerhall des frohen Lerchenliedes,
Die ihre Lippen einen
Zum süßen wonnigen Kelche,
Drin Liebe, die verloren
Das Paradies, nun ihren Schlummer hält.
Du leuchtest in die arme Stube
Und gießt hinein dein Silber,
Damit der Arme von dem Glücke träume,
Ja, freund bist du den Toten,
Wenn sie im Leichenkleide
Von allen sind verlassen.
Da siehst du durch das Fenster
Und auf der bleichen Wange liegt dein Schimmer
Und bebt wie eine Thräne,
Die allen Streit zum Einklang dämpft.

Rings schläft das All, der schwarze Abhang
Hebt dort empor sich wie ein Bärenfell,
Nur hin und wieder in das Dickicht
Einfallen weiße Strahlen von dem Mondlicht,
Als ob ins Fell des Bären
Sich eines Jägers weiße Finger bohrten.
Der Jäger ist der Herr, der fest das Untier,
Das schwarze Dunkel, draus das Grauen steigt,
Beim Haupte faßte, seinen Speer ergriff,
Des Mondes gold'nen Strahl,
Und ihn hineinstieß in den grimmen Rachen,
Daß rings als Frührot sich sein Blut ergoß —
Ostwinde, seine Hunde lecken nun
Das dunkle Blut auf und die Erde lächelt
Dem jungen Tag entgegen.

Allein von allen Wesen,
Wach' ich und schau des dunklen Himmels Träume,
An meine Felsenschlucht hat
Geklopft des Mondes Licht und ich erwachte,
Die Welt zu grüßen, sanft zu ihr zu sprechen,
Daß auf dem weiten Weg sie müd' nicht werde,
Und ihr zu sagen, daß ein Engel
Mit breiten Flügeln hinter ihr einherschwebt,
Im Fall sie aufzufangen,
Ja, daß selbst Gott in seinen Arm sie finge,
Wie eine wunde, weiße Taube,
Und sie im Saume seines Kleides
In die ersehnte Ruhe betten würde.

Oft scheint es mir, ich höre,
Wie sich die schwere Thür des Himmels öffnet
Und wieder schließt, dann herrscht
Die Stille wieder, dann ein Flügelrauschen
Und tief im Herzen fühl' ich,
Das ganze All ruht in der Hand des Herrn,
Und geh' beruhigt schlafen,
Denn er ist allwärts, allwärts ist mein Heim.

Der Thau blitzt auf dem Grase,
Ich seh' den Hauch der Erde, der im Dampfe
Emporsteigt als des Morgens Ahnung.
Der weißen Birke Stamm, der Eiche Knorren
Verstehen sich in diesem leisen Dämmern,
Und heimliche Verwandtschaft
Fühlt mit der Welle, die da nagt, die Wurzel.
Rings schweben hundert Träume,
Und an mein graues Haupt
Rührt Flügelschlag,
So wie die großen braunen Fledermäuse
Anstoßen an den Stamm
Der alten Ulme, der sie just entflogen.

O Nacht, wirf jetzt nach ihnen
Dein Schattennetz, daß über diesen Wipfeln,
Daß über diesen Bergen,
Wie Roland sieghaft in der leichten Rüstung,
Sich heb' der Morgen!

Horch jetzt! Der Sang der Grasmücke!
Mein Herz jauchzt auf, denn jemand fühlt mit mir.
Jetzt ätzt sie wohl die Jungen,
Wie ich die Seele nähre mit Gedanken.
O singe, sing! in Töne umgewandelt,
Steigt leichter himmelwärts mein Traum, mein Sehnen,
Wird leichter kund der Erde
Noch nach Jahrhunderten dies mein Vermächtnis,
Das meinen Segen dieser Erde läßt
Und meinen Gruß der Menschheit!

Kunst.

Der Aufruhr der Statuen.

In seine Werkstatt nah an Mitternacht
Trat ein der Meister, wieder band die Macht
Ihn heute, welche lodernd stets im Hirne
Ihm saß und Furchen grub in seine Stirne,
Doch auch der Seele lieh des Genius Schein.
Selbst frug er sich: Was mag die Kraft wohl sein,
Die mir den Geist mit Adlerschwung bewegt,
Oft traut die Hand mir auf die Schultern legt
Und mehr lockt, als der Anblick holder Frauen?
Gespannt an ihr Gefährt muß ich mich schauen,
Und wo sie will, dahin muß blind ich jagen! —
O, er begriff erst recht an solchen Tagen
Das große Ringen Jakobs mit dem Engel,
Des Geistes Ringen mit dem Stoff voll Mängel,
Wie Licht mit Nacht, Tod mit dem Leben ringt.
Und so, wie wenn ein Stachel treibt und zwingt,
Stand rasch er auf, warf ab das stumpfe Bangen,
Die Sorgen wischt' er von der Stirn, vergangen
War alles Leid und, Sieger in dem Strauß,
Glaubt' er an sich und ging nach Schönheit aus.

So trat er in die Werkstatt. Rings lag dicht
Das Dunkel, nur des Mondes bleiches Licht
Fiel auf den Boden durch des Fensters Bogen,
Erlöschend, wenn vorbei die Wolken flogen.

Rings auf den Sockeln eingehüllt in Linnen,
Bildsäulen in den Ecken, Fenstern drinnen,
Abgüsse zahlreich, die das Licht umschmiegt,
So wie ein Schleier auf der Wiege liegt.
Und eine Wiege ist die Künstlerstätte.
Das Kind hat, der Gedanke, hier sein Bette.
Die Mutter Schönheit reicht die Brust ihm hier.
Wer eintritt, fühlt den warmen Atem schier
Von Schlafenden, ein mystischer Zauber spinnt
Um sie sein Netz. Des Künstlers Räume sind
Die Dome für die Zeit, die nicht mehr glaubt.
Was webt und träumt im Herzen und im Haupt,
Hier lebt es, steigt empor mit Adlerfluge
Und giebt sich kund im Arabeskenzuge,
Wie ihn die Hand gezogen, wissend kaum,
Berauscht vom Ideal, der Schönheit Traum.
Asyle waren sie und sind's geblieben
Für alle Götter, welche man vertrieben,
Wo in der Welt des Leidens, der Gemeinheit,
Der Hauch der Dichtung weht in edler Reinheit.

Hier fühlt' er sich befreit und neubelebt.
Der Traum, nach dem er jahrelang gestrebt,
Stand wieder groß und unerreichbar da,
Wie er in ewiger Schönheit oft ihn sah.
Er lächelte und setzte still sich nieder.

Das Haupt geneigt, gab er die Seele wieder
Dem Sturm preis der Ideen, dem Knaben gleich,
Der schickt den Drachen in der Wolken Reich.
Er glaubte nun an sich und fühlt' es froh.
Die Nacht war still. Da plötzlich war's ihm so
Als ging ein Atem aus von seinen Steinen.
Er sah sich um, und wieder wollt's ihm scheinen,
Es regt sich was, kommt näher — schwerer Traum
Er will empor, — doch sah er's träumend kaum,

Steht's schon vor ihm lebendig in der Halle,
Und um ihn reihn sich die Gestalten alle.
Was jetzt ihm noch ein Block von Marmor schien,
Stellt sich als Aphrobite hell vor ihn,
Entstiegen so wie einst dem Meeresschoß.
Nun ringen sich auch andre Bilder los,
Und bald umgiebt im vollen Mondenschein,
Der leuchtend durch das Fenster bringt herein,
Ihn der Olymp mit Göttern und Heroen,
Ob sie mit Schwertern oder Blitzen drohen,
Und Engel und die Heiligen und Propheten,
Madonnen — alle sieht er vor sich treten,
Die hehre Schar, die in der Seel' er trug,
Mit deren Herzensschlag das Herz ihm schlug,
Die Träume, die in Schmerzen er gehegt, —
Sie alle kommen, sammeln sich erregt,
Und rufen, während sie die Hände heben,
Zu ihm empor:
        „Wir wollen, woll'n nicht leben!
Wer gab das Recht dir, in des Schaffens Ringen
Uns aus dem Marmor an das Licht zu zwingen,
Drin wir durch Ewigkeiten still geruht?
Weil's schmeichelt deinem kleinlich stolzen Mut,
Weckt uns dein Meißel — sprich, zu welchem Ende?
Die Zeit, für welche deines Geistes Brände
Erglühn, ist schönheitsfeind und krämerhaft!
O Glückliche, die in der Erde Haft
In Hellas jetzt noch schlafen wohlgebettet,
Und deren Traum der dichte Schutt noch rettet!
Der schwerste Fluch der Hand, die einst sie findet
Und sie dem Lichte dieser Zeit verbindet!
Denn diese Zeit ist niedrig, roh und stumpf.
Nicht Götter kennt sie, ehrt nur Götzen dumpf,
Kniet vor dem Mammon, und der Schönheit speit
Ins hehre Antlitz sie; voll Nüchternheit

Sieht sie den Gott im Bild und im Gedichte!
O dreimal benedeit, die ihr zunichte
Geschmettert wurdet im Getos der Schlachten,
Daß ihr entgingt des Krämervolks Verachten,
Und nicht olympische Schönheit müsset zeigen
Auf off'nem Markt zur Lust dem niedern Reigen.
Ihr glücklich auch, die ruhen noch im Haupt,
So lange euch der Schlummer nicht geraubt.
O wehe, wenn die Hand den Meißel hebt!
Was läßt du uns im Stein nicht unbelebt
Durch alle Zeit? Was zwingst du uns zum Leben?
Was drängt dich, preis der kalten Welt zu geben
Die Reinheit, die gehegt im Herzen du?
Fremd ist uns diese Welt — o gönn' uns Ruh! —
Wohl war's einmal, daß ohne Widerstreben
Gestalten traten aus dem Stein ins Leben,
Wo sie den Meistern in die Arme sanken,
Wie er sie trug im innersten Gedanken,
Wo die Madonnen sich enthüllt den Meistern,
Selbst kamen als Modell, sie zu begeistern.
Doch andre Leute lebten — diese Masse
Kennt Schönheit nicht, der Auswurf ist's der Gasse,
Nur nach Gewinn geht ihr unsinnig Streben,
Gönn' uns die Ruh, wir wollen, woll'n nicht leben!

Wie Wogen brausen auf dem wilden Meer,
Wenn aus dem Winternebel sich umher
Gestalten ballen und der Sonne Licht
Gedämpft und trübe wie durch Thränen bricht,
Und wie bei vielen Klängen aus dem Chor,
Drin alle tönen, einer bringt hervor;
So klang es um den Bildner rings herum
Und aus Geflüster, Rufen und Gesumm
Drang eine Bitte, klagend fast, mit Beben:
„Gönn' uns die Ruh, wir wollen, woll'n nicht leben!

So wie der Urwald, wenn der Wind, der schlief,
Nun plötzlich wach geworden, atmet tief,
Mit dem Geäst der Buchen, Birken, Föhren
Erst flüstert, dann, gewaltig anzuhören,
Errauscht, und mit im allgemeinen Tone
Die Ähre singt, der Lärchen dunkle Krone,
Und rings ein Brausen, Sausen, Seufzen bang,
Bis plötzlich hehl, wie der Trompete Klang,
Ein Laut sich über alle will erheben,
So klingt's im Sturm: „Wir wollen, woll'n nicht leben!"

Und eine Stimme spricht: „Kurz ist die Zeit,
Der Frauen Arme so voll Süßigkeit,
Laß deine unfruchtbaren Träume fahren!
Genieß die Jugend, so von Mädchenhaaren
Ein goldnes Netz die Stirn dir noch umflicht —
Du Thor, du suchst wohl größre Schönheit nicht
Und größres Glück als in des Weibes Minnen?"
Ein Zweiter: „Wer der Wirklichkeit zerrinnen
Muß deine Welt, o höre guten Rat:
Geh der Alltäglichkeit gepries'nen Pfad,
Der gar bequem und breit und ausgefahren.
So wirst du stets dich vor dem Neid bewahren,
Es treten Hohn und Spott dir nicht entgegen.
Auf deine Seele wird der Staub sich legen,
Dann bist du ihnen gleich, bist wohlgelitten,
Des Ideales Netz ist durchgeschnitten,
Du bist ein Bürger, brav — und das genügt
Dem Alltag, dem sich alle Welt jetzt fügt.
Das geben wir dir alles, laß uns ruhn,
Stör' uns nicht auf mit ungestümem Thun,
Wend ab von uns der Menge Blick, ihr Kritteln
Und ihr Geschwätze, das sie Ruhm betiteln.
Und willst du nicht — wir hindern's mit Gewalt!" —

6

Und Lärm erhebt sich, der wie Donner hallt.
Den Meister faßt ein ungeheurer Schrecken,
Denn hundert Arme sieht nach sich er strecken
Und hundert heben drohend auf die Hand,
Zu Furien sind die Götter jetzt entbrannt.
Er fühlt, wie ihre Arme ihn umschlingen,
Die eignen Träume schwer ihn niederzwingen —
Da steigt sein Zorn, die Kraft wird aufgeschüttelt
In ihm, dem Leu gleich, der die Mähne schüttelt,
Und dröhnend ruft er aus: „Ihr müsset leben!
Ich will es so. Ihr, die ihr tobend eben
Als Chaos mich umdrängt, als Sturmeswelle,
Ihr werdet Ruhe sein und frohe Helle,
In der erhaben meine Venus ragt.
Sagt, hat einst Gott in grauer Zeit gefragt,
Als er dem Stoffe seinen Hauch gegeben:
Sprich, Sklave, willst du auch erstehn zum Leben?
Bedachte er der spätern Leiden Brand?
Auch ich bin Schöpfer, mit des Schicksals Hand
Faß' ich euch, werf' euch in der Schönheit Essen,
Und eben, weil mir Tod ist zugemessen,
Müßt ihr für alle künft'gen Zeiten dauern!
Mein Leben für das eure!"
                              An den Mauern
Brach wieder sich der trotzigen Stimmen Klang,
Der Zorn der Helden, die nun ewig lang
Paläste sollen und die Gärten hüten,
Der Zorn der Karyatiden, die im Wüten
Schon sinnen, wie der Lasten müd, zu Thale
Sie werfen all die Giebel und Portale,
Der Zorn der Götter, daß die freche Menge
Mit gierigem Blick an ihren Leib sich dränge,
Den reinen Leib. Die Flut des Zornes schwoll.
Durchs Fenster drang das Frührot wundervoll,
Als von dem Kampf mit seines Geists Gestalten

Der Meister auffuhr — rings der Stille Walten,
Wie's herrschte, als er heimgekehrt zur Nacht.
Der letzte Schritt der Nacht verlor sich sacht,
Ein frischer Wind durchwanderte die Gassen
Und freute sich, die Äste derb zu fassen,
Und aufzutreiben keck des Stromes Wogen.
Und er, der rang, fand wieder sich durchzogen
Vom Selbstvertraun — da draußen die Bewegung,
Die Skizzen hier, sie weckten neue Regung
Und frische Kraft, die Kraft, die nie versiegt,
Wie sehr der Zeiten Mißgunst sie bekriegt,
Die Kraft, der nie der Alltag nimmt die Stärke,
Und die nur eine Antwort giebt:
                          Zum Werke!

Stigma.

Ist Undank auch des Dichterwerkes Los:
Die Stunden, da der Strophen leichte Schwingen
Vom Quell des Paradieses Manna bringen,
Sind dennoch schön, sind dauernd und sind groß.

Und ihre Süße bringt durchs ganze Sein,
Wie Blumenduft durch Schutt die Wege findet:
So trägt in sich die Farben, wer erblindet,
So strahlt uns lang erloschner Sterne Schein

So, wer am morschen Kreuz vorübereilt,
Fehlt auch der Gott, er schlägt sein Kreuz noch immer:
So ist auch eingeprägt in ewigem Schimmer
Der Stirn des Dichters: Hier hat Glück geweilt.

Lerche und Lied.

O Lerche, Seele du, dem Grund entflogen,
Du darfst den Kelch der ersten Frühe trinken;
Wie eine Glocke ruht des Himmels Blinken,
Du bist das Herz in seinem lichten Bogen.

Gleich Perlen kommt dein Klang ans Ohr gezogen,
Und schweigst du müde, dann zur Ruhe winken
Die goldnen Ähren, drin du darfst versinken,
Und über dir wellt's hin in sanften Wogen.

O Lieb, beschwingter Vogel meiner Seele,
Des Herzens Glocke, die erbebt im Bangen,
So hart gefaßt von des Geschickes Tücke:

Flieg' auf zur Höh', die dich den Blicken hehle, —
Doch welche Brust wird dich hernach empfangen,
Sich schließen über dir in stillem Glücke?

Data fata secutus.

In all den Hohn, die Spottsucht, frech und dreist,
Die auf ihn zielten, ihm entgegenstarrten,
Daß seine Seele gleich war einem Garten,
Darein der Wildbach tiefe Furchen reißt;

In all dies Leben, tief umdüstert meist,
Drin jeder Stein schien auf sein Haupt zu warten,
Ihn jede Schlange stach, ihn alle narrten,
Sah er und sang er mit gelaßnem Geist.

Kaum, daß an ihm ein Lächeln man gekannt.
Was galt ihm Lärm und kritisches Zergliedern?
Es war Geschwätz, an das er sich nicht kehrte.

Den warmen Hauch der Poesie empfand
Darin zu tiefst er, daß mit seinen Liedern
Er immer ehrlich Weib und Kind ernährte.

Suum cuique.

Dem Dichter J. V. Sladek zugeeignet.

Ich habe ein Sonett, das mir geglückt!
Der Wald singt drin im lautesten Chorale,
Von nah gleicht's einer perlenvollen Schale,
Von fern dem Stern, der licht den Himmel schmückt.

Drin preßt der Freund des Freundes Hand, entzückt
Hängt Lipp' an Lippe drin im Mondenstrahle,
Drin singt der Faun sein Lied hinab zum Thale
Und seufzt die Echo, die der Gram bedrückt.

Geb ich's dem Kaiser, daß er Gold mir schenke?
Geb ich's dem Papste, für mein Heil zu beten?
Der Maid fürs Blümlein, um ihr zu gefallen?

Wie schwer die Wahl, wen ich damit bedenke!
Halt! Mein Sonett, ich geb es dem Poeten,
Denn der versteht's am besten doch von allen.

Cicisbeo.

Ins Eh'band hat das Leben uns geschlagen,
Und wir, wir dienen täglich ihm in Treue;
Verzichtend, daß ein Wechsel uns zerstreue,
Freun wir uns schon mit Sonn= und Feiertagen.

Doch abends harrt beim Pförtchen ohne Klagen
Der Cicisbeo, wartet stets aufs neue,
Als Hausfreund kommt und schleicht herein der Scheue,
Um ja nicht Unruh' in das Haus zu tragen.

Und so wie der den Kindern jedesmal
   Bringt Zuckerzeug und mit dem Manne immer
Beim Kartenspiel sitzt — so das Ideal.

Heut' bringt's ein Lied uns aus des Waldes Treiben,
   Und morgen ein Sonett in goldnem Schimmer,
Und duldet alles, dankbar, darf's nur bleiben.

Boecklin und der Tod.

Im vollen Sinnen saß er da,
Vom Genius geleitet, sah
Er nach dem Meer, dem Sonnenstrahle,
Da fiel ihm ein: Dich selber male!

Den Pinsel nahm er froh zur Hand,
Als plötzlich hinter ihm wer stand,
Er wandte sich und sah im Lichte
Den Tod mit grinsendem Gesichte.

Da ward ihm plötzlich weh und ach,
Er fühlte sich mit einmal schwach,
Der Laut blieb in der Kehle stecken,
Die Farben wurden voller Flecken.

Nach einer Weile näher faßt
Er in das Auge seinen Gast,
Sieht, wie das Haupt er jetzo neige
Und spiele seltsam auf der Geige.

Die Geige, die Gevatter streicht,
Die war ein Knochen, ausgebleicht,
Ein zweiter Knochen war der Bogen,
Als Saiten Frauenhaar gezogen.

So sang er: „Alles Lug und Schein!
Denn hier und dort bist du schon mein,
Ich folg dir nach auf jedem Gange,
Du weißt kaum, wie ich dich umfange.

Saugt aus dem Becher Schwung dein Mund,
Ich sitz als Grauen auf dem Grund,
Schäumt dir der Farben reich Gepränge,
Ich sing darinnen Grabesklänge.

Thu' was du willst, doch du bist mein,
Ich hab dich, alles Trug und Schein,
Was kannst du, sprich! Ich mach's erschlaffen
Ich will und Torso ist dein Schaffen."

So gab er mit dem Knochen Takt,
Der Töne scharfer Katarakt
Stob, wie ins Dunkel Funken stieben.
„Nun fange an, mag's dir belieben!"

Allein der Meister lacht dazu,
Den Pinsel faßt er dann in Ruh:
„Verfehlt mein Freund, ist dein Beginnen!
Du selber ziere jetzt mein Linnen!

Du folgst mir immerdar, ich weiß,
Und lauerst auf des Pinsels Fleiß,
Ein Knacks, der Pinsel bricht in Stücke,
Du siegst — es bleibt kein Mensch zurücke.

Doch ein Triumph bleibt uns allein:
Zu tauchen in das tiefste Sein,
Und Schöpfer sein, just wo du lauerst,
Mit deiner Sense uns durchschauerst.

Mir ist's Geheimnis, doch auch dir,
Wo Lug und wo die Wahrheit hier,
Du schreitest blind, doch ich kann sehen:
Mein Sehnen wird nicht ganz vergehen.

Drum geh nur immer hinterdrein,
Sag hundertmal: mein bist du, mein!
Und spiele fort und sing dein Liedel,
Gieb mit dem Kopf den Takt zur Fiedel.

Freund Klapperbein, mir gilt es gleich,
Denn meine Seele, voll und reich,
Fängt unter deinem Aug' das Leben,
Das mich umdrängt mit lichtem Weben."

Der Pinsel fliegt dahin mit Macht,
Es spielt der Tod, der Meister lacht,
Er schafft und hat sein ganz vergessen —
Freund Hein mag warten unterdessen!

Die Hochzeitsreise.
(Arnold Böcklin.)

Kennst du das Land? Ach ja, so ist's erklungen!
Wer kennt es nicht, drin ewige Lenze blühen?
Wir suchen's sehnend in der Jugend Glühen,
Doch welcher Blick ist wirklich hingedrungen?

Rings regnet's Blüten, tönen Vogelzungen,
Am Horizont viel tausend Strahlen sprühen.
Die Schulter beutst mit freundlichem Bemühen
Du ihrem Haupt und hältst sie sanft umschlungen.

Der goldne Tag scheint Stunden nicht zu zählen.
Und dennoch wandelt ihr, tief in Gedanken ...
Das ist die Hochzeitsreise eurer Seelen

Zum Land der Wunderblume hin, der blauen:
Ihr denket an der Wasserrose Schwanken,
Und seltne Berge, unbekannte Auen ...

Die Toteninsel.
(Arnold Böcklin.)

Gespenstige Stämme, die zur Tiefe streben,
Das Wasser und der Himmel liegt in Schweigen,
Der Wind spielt sacht mit der Cypresse Zweigen,
Aus Fels und Flut fühlst du die Kälte beben.

Sieh einen Nachen durch die Wellen schweben,
Das tiefe Dunkel bannt der Strahlen Reigen,
Der Epheu, der am Fels sucht aufzusteigen,
Saugt aus Gebeinen hier sein schlichtes Leben.

Die Felsen zeigen Höhlen fest verschlossen,
Und jedes Jahr kommt her ein Kahn gefahren
Gespensterhaft. Und eine weilt in Thränen.

So ragt im Herzen, dessen Lenz verflossen,
Der Toten Insel, die ihm teuer waren.
Dahin braucht's keine Fahrt. Nicht wahr, mein Sehnen?

Mater dolorosa.
(Tizian.)

Der Erde Leid ist's, was an dir ich sehe!
Was gilt dir deines Sohnes göttlich Sinnen,
Der wie die Sonne blutend ging von hinnen,
Was dir, daß ihn der Haufe wütend schmähe?

Was gilt sein Traum dir, der zerriß so jähe?
Die Hände ringst du und die Thränen rinnen,
Gebrochen liegt der Gott und bleich im Linnen —
Und um den Sohn nur klagt der Mutter Wehe.

Wär' er der Schächer, der mit fürchterlichen
Verwünschungen sich peinvoll krümmt daneben,
Du würdest für ihn beten, für ihn beben.

Dein Blut, dein süßer Sohn ist hier erblichen,
Kein größrer Schmerz als deiner ward gesehen,
Gleich Niobe's, den Mütter nur verstehen.

Hermes.

Hermes, zauberreich im hohen
Götterkreise,
Setzt auf Land und Flut die frohen
Flügelschritte leicht und leise;
Führer in des Hades' Schauer,
Ew'ger Dauer,
Fühlt er nie des Alters Macht.

Den Nepenthes in den Haaren,
Schwingt er seinen
Zauberstab; ihm folgen Scharen
Dunkler Schatten; die mit Weinen,
Die gelassen und zufrieden,
Denn beschieden
Ist die Ruhe mit der Nacht.

Leise hin zum Lethe streichen
Sie gemessen,
Und es brennen ihre bleichen
Lippen nach dem Trank: Vergessen,
Nach dem süßen Schlaf die Glieder;
Er kehrt wieder,
Wo das Leben stürmisch wacht.

Klopft an Hütten und Paläste,
Geht durchs breite
Stadtgewühl, wo hell beim Feste

Zu dem Becher klingt die Saite,
Tritt als Gast zu Not und Elend,
Wo beseelend
Nie des Lebens Schimmer lacht.

Naht auf weitem Meer den Booten, .
Wenn sie sinken,
Und dann führt er hin die Toten,
Daß sie ew'gen Frieden trinken.
Der Geleiter ist er allen,
Ob sie fallen
Hier vom Blitz, dort in der Schlacht.

Seinem Werk in Ruh ergeben,
Unempfindlich,
Macht er alle Welt erbeben,
Wie der Tod unüberwindlich.
Ob er trifft den Geist verwittert,
Ob erbittert,
Dessen hat er nimmer Acht.

Plötzlich hebt, emporzuschweben,
Er die Schritte,
Ruht im Schoße lächelnd Heben
Droben in der Götter Mitte,
Plötzlich um die Stirn zum Kranze
Reiht im Glanze
Sich ihm ew'ger Sterne Pracht.

Dante Gabriel Rosetti.

Sie starb, die er als Leitstern durfte schauen,
Wie's Beatrice war auf Himmelspfaden,
Vom Alltag führt' sie ihn zu holden Auen,
Wo ewige Quellen zum Entzücken laden.

Sie starb, die seine Kunst zuerst verstanden,
Die neue Kunst, die er der Welt wollt' geben,
Sie, die den Flug ihm löste von den Banden,
Ein Feuer, stets bereit, emporzuschweben.

Jetzt ward sie schon gewiß zum Ideale,
Das er geträumt in edler Reine immer,
Sie trägt das Kleid, erhellt vom Sternenstrahle,
Auf ihrer klaren Stirn des Frührots Schimmer!

Am Himmelsfenster steht sie in Gedanken,
Die Hände faltend, will herniedersehen
Auf diese Welt, wo Nachtgespenster wanken
Und jeder Stern im Duft muß untergehen. —

Nun stand er auf und nahm die Lieder alle,
Die er für sie einst sang in Glückestagen,
Und in dem Sarg, der ernst stand in der Halle,
Entschloß er sich, zu Grabe sie zu tragen.

Und auf ihr Herz, das ihm in süßem Pochen
Geschlagen einst, in Rhythmen, tiefgeheimen,
Und das jetzt tonlos lag, kalt und gebrochen,
Legt' er sie hin, die mit verschlungnen Reimen

Von Liebeslust und Bangen sangen, klangen,
Emporgerufen von der Dichtung Werde —
Dann drückt' er auf die Lippen einen langen,
Sehnsücht'gen Kuß und gab den Leib der Erde.

*   *   *

Und Tage kamen, trübe, dunkle Tage,
Ihm schien mit aller seiner Kunst, er wäre
Gleich einer Sphinx, die selbst nicht löst die Frage,
Auf seiner Brust lag eines Felsens Schwere.

Auf stiegen zwei Dämonen, grau und düster,
Und spannten weit ihr Fledermausgefieder,
Und raunten ihm gar seltsames Geflüster,
Als zög' der Wind durch Herbstlaub hin und wieder.

Der erste sprach: „Zu teuer, sollst du wissen,
Hast du bezahlt die Liebe, warst zu strenge —
Die neue Kunst hast du der Welt entrissen
Und gabst zum toten Weib lebendige Sänge."

Der zweite sprach: „Dich trieb der Stolz, der arge,
Auf Ruhm und auf die Größe zu verzichten,
Doch deine Lieder weinen still im Sarge,
Und bang umseufzt ihr totes Haupt dein Dichten."

Der erste sprach: „Wozu dein Ringen, Streben,
Wozu auch trugst du hoch der Schönheit Fahne?
Damit die Spinne drein ihr Netz mag weben —
Ein Götterlicht verlöschtest du im Wahne!"

Der zweite sprach: „In Trug bist du verloren!
Dein Lied wird störend in den Traum ihr bringen,
Ein weltlich Werk, in Ohnmacht nur geboren,
Ist es nur Staub für ihre duft'gen Schwingen."

Der erste sprach: „Nimm wieder, was dein eigen!"
Der zweite sprach: „O scheuch den Alp von hinnen,
Dein Leben und dein Ringen deckt das Schweigen,
Laß wiederum den Äther sie gewinnen!"

      *   *   *

So stritt es ihm im Herzen und im Hirne,
Die Lampe nahm er, stieg zur Gruft hernieder
— Um Mitternacht — der Schweiß stand auf der Stirne,
Rings kühl, doch Feuer ging durch seine Glieder.

Die Stufen schritt er abwärts, nur geleitet
Von seinem Schatten, der zu Füßen bebte,
Bald schwand, wo eine Nische war geweitet,
Bald wuchs im Mond, des Licht durchs Fenster schwebte

Er stand beim Sarg, schloß auf und hob den schweren
Sargdeckel ab und legt' ihn auf die Erde,
Die bleichen Züge, so erschien ihm, kehren
Sich jetzt zu ihm mit strafender Gebärde.

Die Stirne blaß, vom Myrtenkranz umschlungen,
Gefaltet zum Gebete still die Hände;
Sie, denen hold die Harfe oft erklungen,
Trugen der Treue Ring noch übers Ende.

Und seine Blätter sah er zwischen ihnen.
Darin die Welt, die sich sein Sinnen baute,
Auf ihrem Herzen schliefen sie und schienen
Zu ihr zu sprechen mit geheimem Laute.

Er griff nach ihnen, zag, mit wildem Eilen,
Und nahm sie aus der Hand, der kalten, blassen,
Da schien es ihm, als ob die Liederzeilen
Sie fester hielt und nimmer wollte lassen.

Da rang er mit ihr, er, der all sein Leben
Sie überschüttet dankesvoll mit Rosen —
Nun nahm gewaltsam er, was er gegeben,
Denn die Unsterblichkeit galt's zu erlosen!

*   *   *

Und Tage kamen, trübe, dunkle Tage,
Ihm schien mit aller seiner Kunst, er wäre
Gleich einer Sphinx, die selbst nicht löst die Frage,
Auf seiner Brust lag eines Felsens Schwere.

Die zwei Dämonen, die ihm in die Ohren
Der Ruhmsucht Gift, den Ehrgeiz einst gegossen,
Sie waren stumm — doch aus der Hölle Thoren
Flog auf ein Schwarm von andern Nachtgenossen.

Die Lieder, die er nur für sie gesungen,
Mußt' er vom Troß in Staub getreten sehen,
Die Lieder, wie vor taubem Ohr erklungen,
Als leeren Rauch durch Molochs Nüstern gehen.

Er sah, wie sie mit seiner Liebergabe
Ihr engelreines Herz zugleich verletzen,
Und dachte, daß sie fühlen muß im Grabe,
Wie Schmutz sich will an ihre Reinheit setzen.

Und nicht mehr rufen konnt' er sie zurücke,
Sie wiedergeben ihr in ihre Truhe,
Um Ruhm gab er sie preis der Menschen Tücke —
O, daß er ihnen nicht gegönnt die Ruhe!

Um ein Phantom des Ruhms, das ihn verwirrte!
Er sieht sie wieder in dem Sarge liegen,
Wie ihres Haupts Profil umkränzt die Myrte
Und ihre Blüten an die Stirn sich schmiegen.

Da, wo ihr Ring durchs Dunkel traulich glühte,
Da konnten sie in stiller Schönheit weben,
Bis er einst selbst, entrückt ins Reich der Güte,
Sie lesen mochte ihr, wie einst im Leben!

Der Begleiter.

Wohin ich geh, ich weiß nicht — aber eines
Weiß ich, ein Geist geht vor mir lichten Scheines,
Sein Antlitz giebt auf dunkler Bahn mir Helle.
Ob er mich leitet zu der Heimat Schwelle,

Ich frage nicht — ich hab zu ihm Vertrauen.
Vor uns ein Abgrund — er eilt, vorzubauen,
Mein Fuß geht drüber und erfährt kein Hemmen.
Wir gehen durch den Wald; von alten Stämmen
Verlegt der Weg, er hält mich sanft zurücke
Und baut erst über'n Gießbach mir die Brücke.
Da liegt das Meer; den Mantel läßt er fliegen,
Und während Strahlen ihm das Haupt umschmiegen
Trägt er wie Faust mich über alle Wogen. —
Nacht war's; wir waren in den Wald gezogen,
Da grasten still zwei Rehe und vom Sumpfe
Her zogen Schatten, traurige und dumpfe.
Ich sprach zu ihm: „Sag, wo wir hingelangen?
Aus Baum und Dickicht blickt hier Nacht und Bange,
Sieh wie die Gräser meinen Fuß umspinnen,
Und ach, kein Gott wohnt mir im Herzen drinnen.
Drin ist es leer, wie wenn in weiter Wüste
Umsonst ich auf den Morgen warten müßte.
Sei du mein Gott und sprich im Donnergrimme!" -
Er lächelte und sprach mit milder Stimme:
„Kennst du mich nicht? Ich wohn' in allen Herzen,
Mit Beten ruft mich, wer da ringt in Schmerzen.
Doch vor dem Dichter in der Wolke schreite
Ich selbst den Pfad, geb ihm das Lied der Saite
Als Honig und den Thau, daß er ihn kühle —
Als Gott in dir, glüh' ich mit dir und fühle,
Und ich verließ nur deiner Seele Stätte,
Daß drin mehr Raum die ewige Schönheit hätte!

*

Wohin ich geh, ich weiß nicht, doch ich zage,
Daß ich im Herzen ein Geheimes trage,
Das Kraft verleiht, selbst ohne Gott zu leben —
Und Ahnung zieht durch mich mit leisem Beben.

Giotto und die Seele.

Als Abends einst in seiner Werkstatt Giotto
Stillträumend saß, erfüllt vom Trieb des Bilderns,
Dacht' er bei sich: Wie mal' ich wohl die Seele?
So saß er dort, die Nacht brach tief herein.
Die Gassen waren ruhig, auf den Dächern
Und Kuppeln spiegelte der Sterne Glanz.
Und Giotto träumte fort und dachte immer:
Wie könnte ich die Menschenseele malen?
Da schien es ihm, als ob ein leichtes Klopfen
Vernehmbar sei an seiner Werkstatt Thüre,
So leicht als klopfte eines Kindes Finger,
Oder ein Mädchen, dessen scheue Schritte
Halb Neugier lenkt und halb die erste Liebe.
Und Giotto kam's mit einem Mal in Sinn,
Die Seele selber käme her zu ihm,
Daß er sie male — und das leichte Klopfen
Klang auf dem Flur, wie eines Vogels Schnabel,
Der in des Winters Frost ans Fenster pickt,
Und Giotto lächelte in seinem Träumen.
Doch das Behagen und die Ruh des Traumes
Umschmiegten so sein Sinnen und den Körper,
Der von des Tages Werk ermüdet war,
Daß er nicht aufstand und nur lächelte,
Bewußt, der Gast käm' schon ein andermal.
Und horch, zum drittenmal erklang das Klopfen,
Und schwächer wieder, gleich der goldnen Fliege,
Die leicht im Flug der Winde Glocke rührt.
Er stand nicht auf und träumte, bis er einschlief.
Doch morgens fühlt' er gar so leer sein Herz,
Entsann sich seines Plans und wollte wieder
Die Seele malen — doch der Kopf blieb wüst.
Er wartete viel lange, lange Nächte,
Doch niemand kam und klopfte an die Thüre.

Die Gassen waren ruhig, auf den Dächern
Und Kuppeln spiegelte der Sterne Glanz
Und unser Giotto ach, verging vor Sehnsucht.

Du, der du denkst und sinnst und suchst die Schönheit,
Weißt du, warum dies Märchen ich erzählt?

Goethe.

Leicht werden Dichter größer noch befunden,
Jedoch ein süßrer Weiser kommt wohl nie,
Der allen Trotz geklärt in Harmonie,
Mit Adlerflug menschlichen Laut verbunden.

Dein Lied erhebt, doch mehr, es macht gesunden,
Als lehnten fromm wir an der Mutter Knie,
Und „saure Wochen, heitre Feste" lieh
Inhalt und Trost des Lebens schweren Stunden.

Wo Byron klagte, grollend wild und mächtig,
Da standst du ruhig, zeichnetest bedächtig,
Der Zukunft Ahnherr, der Antike Sohn.

Und sollte deiner Zeit Vernichtung drohn,
Hoch über Weltsturz und der Wellen Jagen,
Groß wie die Ewigkeit, wird Faust noch ragen.

Nach Beendigung der Faust-Übersetzung.

Nur danken kann ich! Was bleibt noch zu sagen?
Es schweigt mein Wort, es stockt des Atems Wehn.
Der Gottheit Auge sah ich aufgeschlagen,
Und lebte, was mein Traum bisher gesehn.
Nun mag der Abend kommen meinen Tagen —
Was soll der Rest? Mein Tagwerk ist geschehn.
Was ich noch jetzt im Leben kann erlosen,
Sind nur des Herbstes mattbethaute Rosen.

Nur danken! Ward mir etwas, was auf Schwingen
Mich übern Alltag hebt zum Licht empor,
So innig, wie der Nachtigallen Singen,
So leise, wie der Flüsterlaut im Rohr —
Nun ich geendet, naht's mit scheuem Dringen
Und klopft rings an der harten Herzen Thor,
Damit es in des Tages ödem Schwalle
Nicht sterbend ohne Widerklang verhalle.

Nur danken! O wie viele sind entglommen,
Und Bessere als ich — ihr Ziel blieb weit,
Wieviel geweiht dem Schönen, Guten, Frommen
Versanken klanglos in der Dunkelheit.
Ein Wunder ist es, an das Ziel zu kommen,
Da unser Weg durch Fährnis geht und Leid,
Da Gnade jeder Morgen, der erschienen,
Und unser Wollen muß dem Können dienen.

Nur danken! Hier wo auf der Stirn, der blassen,
Uns küßt so selten der Gewährung Gunst,
In diesem Wirrwarr, drin nur Sturm und Hassen,
Und die Begeisterung ein Licht im Dunst,
War mir vergönnt, das Weltall zu erfassen
Zum mindesten in einer Furche Kunst
Und mit dem schwachen Wiederhall der Saiten
Dem Höchsten doch von ferne nachzuschreiten.

Liebe.

Venus Verticordia.

Die du die Herzen wendeſt,
Wie Schnitter ihre Ähren,
Laß in der Bruſt die Wonne
Am Weib mir ewig währen!

Du Mutter aller Weſen,
Der Götter in der Halle,
Die ſiegreich ihren Fuß ſetzt
Auf alle Herzen, alle,

Der heute noch erzittert
Des Meeres bittre Welle,
Du Mutter ewiger Sehnſucht,
Der Liebe reiche Quelle,

Die Sappho einſt bezwungen
Lucrezens Ton gemeiſtert,
Gieb, daß das Glück der Liebe,
Mich immer neu begeiſtert!

Daß alle ihre Pfeile,
Die wild vom Bogen ſpringen,
Aus meinem vollen Herzen
Als Lieder wiberklingen.

Und gieb, daß alle Küſſe,
Die meine Lippen wagen,
Wie des Hymettus Bienen
Für mich nur Honig tragen

Gieb, wenn der Jugend Becher
Mir wird in Scherben gehen,
Daß gleich dem Baum mein Alter
Noch darf in Blüten stehen,

Daß schwer mein Haupt vom Dufte,
Doch leicht das Herz mir werde,
Damit du gern drin weilest,
Du Königin der Erde!

Und geh ich ein zum Hades,
Zur Schar der Wesenlosen,
Auch hier aus deinem Schoße
Gieb Rosen, Rosen, Rosen!

Gespräch.

Sie gingen miteinander, blühend jung,
Und beide voll der schönsten Hoffnungen,
Mit denen uns das Leben mächtig lockt
Und die die Zukunft ach so karg erfüllt.
Sie gingen die Allee entlang, 's war Abend.
Der nahe Herbst wob in der Bäume Wipfel
Den farbenbunten Reiz der welken Blätter.
Trüb lag die Gegend, nur der Westen noch,
Wo jetzt der Abendröte heller Streif
Im Wasserspiegel bebte, lächelte,
Doch war's ein schmerzlich Lächeln schon des Herbstes.
Da hob das Antlitz er von ihrer Schulter,
Auf die gelehnt, in ihren braunen Haaren
Er süß geträumt und sagte ruhig:
                      Heute
Auf unsrem Wege mußt' ich immer denken,
Wie's möglich ist, die Erde und dies Leben
Nicht stets zu lieben: Alles ist doch Liebe,
Sie atmet allwärts.

Über ihre Lippen
Flog mild ein Lächeln, wie durchs Haupt des Dichters
Der Fittich eines Engels blitzend fliegt,
Und ernsten Tons, darin der Schmerz erklang,
Doch schon gedämpft und sanft und ausgeglichen,
Sprach sie, zu sich mehr, als zu ihm gewendet:

Recht hast du, Freund, ja — alles ist die Liebe.
Die Toten selbst, die in der Erde ruhn,
Sie schlafen ruhig auf der Liebe Blüten.
Ihr Bett, die Erde, ist durchwärmt von Liebe.
Und wenn sie einmal nur in ihrem Leben
So treu. und innig sich geliebt wie wir,
So reicht der Strahl für alle Zeiten aus,
Auch wenn es keine Auferstehung gäbe.

Und weiter spann er den Gedanken aus:

Und erst die Lebenden! Wozu die Worte!
Sieh, wie an Birke und am Hagedorn
Die Blätter beben; sicher schauten hier
Auf weichem Moos zum Himmel Liebende,
Und frag den Vogel nur, der weiß genau,
Wie ihre Küsse hier so hell erklangen.
O Teure, glaube mir es, wär' ich Gott,
Die Engel müßten in der weiten Welt
Die süßen Küsse aller Liebespaare
Einsammeln mir und einen Riesenbecher
Stellt' ich mir aus dem Blau des Himmels her
Und tränke aus dem Becher all ihr Glück.
Und traun, wie oft ich ihn geleert, ich riefe:
Schön ist die Welt! Engel, noch einen Becher!

Sie lachte; freilich lachte sie nicht laut,
Nur in der Seele innen und davon
Bekam ihr Antlitz einen solchen Glanz,

Sowie der Mond, der, eh' er aufgegangen,
Vorleuchtend schon auf dem Gewässer bebt.

Sie gingen heim. Daß aus der Liebe Becher
Sie ewig trinken, segne sie, o Himmel!

Im Parkthor.

Ein trüber Tag war's, wie der Herbst sie hat,
Wir saßen in dem Thor des Parks und schauten,
Wie ferne in den Sträuchern sterbensmatt
Der Tag verblaßte und die Schatten grauten.

Wir sprachen nichts. Wir sahn zum Wald hinein,
So stumm des Herbstes Ruhe, daß uns bangte:
Die Bäume müd in buntem Farbenschein,
Und hie und da ein Blatt, das niederschwankte.

Da schien mir, daß die Ruh auf Berg und Thal
Nicht Grabesschweigen sei, darein das Leben
Sich einhüllt bis zum Lenz, wie im Opal
Der Lampe sich verbirgt der Flammen Beben.

Das sei kein Sterben, sei Vergehen nicht!
Das sei nur Ruh, verdient im langen Streite ...
Ich sah in meines Weibes Angesicht,
Die still und träumend saß an meiner Seite.

Des Abends Schimmer, der durchs Fenster glomm,
Goß Perlenglanz auf ihre jungen Wangen,
Entzündete der Augen Thau und fromm
Hielt er ihr Haupt mit heiligem Schein umfangen.

Und ich saß ernst und schaute lang und lang
Auf dieses Kind, in dessen kleine Hände
Ich all gelegt: der Liebe heißen Drang,
Mein Sehnen und mein Hoffen ohne Ende.

Auf dieses Kind, des Auge neu erhellt
Mein ganzes Sehnen und mein ganzes Streben.
Da fühlt' ich erst, wie teuer mir die Welt,
Darf ich darin an ihrer Seite leben.

Und wie der Wind die Zweige, halbentlaubt,
Die gelben Blätter rührte auf dem Wege,
Da wußt' ich, daß mein Herz an Liebe glaubt,
Da wußt' ich, welch ein Glück ich innen hege.

In der Kastanienallee.

Sieh, bald steht sie im grünen Gewande,
Bald sind die Vögel auch schon im Lande.

Bald sind die Blüten farbig erschienen,
Dienen den Nestern gern als Gardinen.

Wer kommt hernach, sich am Schatten zu laben?
Jene zuerst, die lieb sich haben.

Kommen zuerst und bleiben gar gerne,
Gehen auch dann nicht, schimmern die Sterne.

Denn die Allee schmückt just für sie beide
Sich mit dem Grün und dem Blütengeschmeide.

Ihnen auch gelten der Vögelein Lieder,
Komme die Sonne, sinke sie nieder.

Und durch die Luft geht wonniges Beben
Heimlicher Küsse, genommen, gegeben.

Und wer da wandelt stille im Kühlen,
Kann all das Glück hier atmen und fühlen.

Ekloge.

Duftreich ist die Erde und die Luft krystallen,
Und das Moos erzittert unter deinem Fuß,
Aus dem Schilfrohr hör' ich's wie von Pfeifen schallen
Und vom Hagedorn fällt heller Blütengruß.
Und, das Aug', von Freude naß,
Fragst du: Ja, was soll all das?
„Was?"
Ruft der Vogel und die Blume spricht:
„Anders kommen doch des Lenzes holde Wunder nicht!"

Hell dein Blick, dein Atem süß vom Duft der Erlen,
Und es bebt dein Busen, wie ich dich umfang';
Wie aus hartem Felsen springen Quellenperlen,
Bricht aus meinem Herzen glühender Lieder Drang.
Und das Aug' von Freude naß,
Fragst du: Ja, was soll all das?
„Was?"
Ruft der Vogel und die Blume spricht:
„Anders kommen doch der Liebe holde Wunder nicht!"

Zwischen Nußbäumen.

So eng der Pfad, daß da zwei Falter kaum
Nebeneinander Platz zum Fluge fanden,
Nur wenig Strahlen durchs Geflecht sich wanden,
Und eine Schnecke füllt' des Weges Raum.
Zuweilen sah das Blau herein im Flug.
Wir gingen miteinander durch die Laube,
Und wunderbar! Ob es auch niemand glaube,
Wir beide hatten immer Platz genug.

Notturno.

O wüßt' ich, ob du wach bist, Kind,
Ich käm' geschwind!

So schau ich nur — Nacht deckt das All —
Der Sterne Fall.

Ich hör' nur, wie bewegt den Ast
Des Vögleins Last.

Ich lausche, wie im Moose hell
Errauscht der Quell.

Und wie die Träume schleichen sacht
Hin durch die Nacht.

Und fühle, wie die Sehnsucht jetzt
Mein Auge netzt.

O wüßt' ich, ob du wach bist, Kind,
Ich käm' geschwind!

Waldmotto.

Du lieber Gott, mir ist so eigen,
Als hätt' im finstern Wald ich unter Zweigen
Ein Vogelnest entdeckt am Felsenhange
Und ich dies Nest, erfüllt von süßem Singen,
Nun aus des Waldes Nacht
Nach Hause trüge sacht!
So trage ich mein Glück und zittre bange.
Sprich, Kind, werd' ich es heil nach Hause bringen?

Terzinen.

Es stürmt das Weltall unser kecker Wille,
Und bann stillt unser Sehnen, unermessen,
Ein dunkler Platz in des Alkovens Stille,

Hell strahlt die Sonne draußen, wir indessen
Sehn nicht nach ihr, gleich Vögeln, die die Tücke
Des wilden Sturms im warmem Nest vergessen,
Verlernen selbst ihr Lied vor großem Glücke.

Ex voto.

Verlaßne Mädchen legten einst ihr Haar
Als Opfer nieder vor dem Gottessohne,
Sie brachtens still und ohne Klage dar,
Entsagend ruhig ihrer Schönheit Krone.

Und Christi Antlitz, bleich und blutbefleckt,
Siehst du noch heut' in gotischen Domen hangen,
Wie es, von goldnem Frauenhaar bedeckt,
Zum Herzen spricht mit noch viel tieferm Bangen.

Die Haare, die geschaffen sind, das Weib
Dicht zu umwallen in beglückter Stunde,
Hier kränzen sie den abgehärmten Leib
Und fließen über Dorn und blutige Wunde.

O welcher Opfermut, welch Wunder das!
Der Mädchen Haar auf Gottes Antlitz sendet
Sein Licht in finstre Zeit — mein Aug' wird naß,
Denk' ich der Liebe, die so innig spendet!

Denn wie die Mädchen, durch der Liebe Hauch
Unsterblich, ihrem Gotte hingegeben
Das Teuerste, so treu und innig auch
Hat meinem trüben Herzen, öden Leben

Im Liebesopfer sich mein Weib geweiht.
So glüht nun in mein Dunkel ihre Helle,
Ein Wunder traun: sowie verklärt im Leib,
Strahlt Christi Antlitz durch des Haares Welle.

Aus den melancholischen Serenaden.

(27.)

Was geben kann das Weib, das gabst du mir im Kosen
Der Seele Lilien, und deines Herzens Rosen.

Die weißen Lilien, die weichen Goldstaub tragen,
Die roten Rosen, draus die hellen Flammen schlagen.

Die weißen Lilien, in mildem Dufte träumend,
Der roten Rosen Duft, die Seele überschäumend.

Die weißen Lilien, die heiter hell erscheinen,
Die roten Rosen auch, so traurig, wenn sie weinen.

In meinen Liedern sieh! in eins die Blüten flossen,
Da sind die Lilien rot — mein Blut ward dreingegossen

In meinen Liedern seh ich weiße Rosen blühen,
Die nur vom Abendrot des Glückes leicht erglühen.

Die Winde.

Am Morgen nur erschließt den Kelch die Winde
Und lacht im Thau, der Frühe zugewendet,
Sie blickt hinaus voll Glaubens, gleich dem Kinde
Und schaut die Wunder, die der Tag verschwendet.

Im Lichte summt die Biene, vollgesogen,
Die selbst ein Tropfen Honigs scheint von Golde,
Und eh ihr Lied verklang, kommt hergeflogen
Der Falter schon, des Äthers Kind, das holde.

Der trägt die ganze Jugend auf den Schwingen
Und kommt an ihren Busen sich zu neigen,
Die Blume fühlt, wie Freuden sie durchbringen
Und haucht den ganzen Duft aus, der ihr eigen.

Schließt dann, geliebkost von der jungen Sonne,
Ihr Schneegewand und hüllt sich ein darinnen,
Sie birgt in sich die Ernte all der Wonne,
Beglückt von ihrem heimlich süßen Sinnen.

Sie sengt der Mittag nicht, der drückend brütet,
Des Windes Stöhnen kann sie nicht entfalten,
Sie träumt und weiß, den Thau gar wohl behütet
In ihres Kelches Glocke festzuhalten.

Geh übers Feld ich in der Sonne Glühen,
Denk ich des Glücks der Seelen, die empfanden
Des Lenzes Lust, der Liebe erstes Blühen
Und dann zur Zeit zu schließen sich verstanden.

Im Regen.

Und wieder regnet's! Strömend, seit fünf Tagen!
Du nähst, ich lese — so umspinnt uns leise
Die Einsamkeit, zwei Blätter, die die Reise
Im Windesflug an einen Ort verschlagen.

Zuweilen blitzt in meines Traums Behagen
Dein goldnes Haar, bald singst du eine Weise,
Der Biene gleich, die summend irrt im Kreise
Und ein Asyl sucht vor des Sturmes Jagen.

Und würde ganz der Sonne Strahl zunichte,
Glaub mir, ich würde nichts verloren wähnen,
Dein Auge leuchtet mir mit hellerm Lichte.

Des Maien Blüte weckt es hold mir innen,
Und nachts hab ich im Aug' mehr Freudenthränen,
Als Regentropfen aus den Wipfeln rinnen.

Als Edelstein.

Glaub mir, des Falters Flügelpracht,
Im Licht der Thau,
Erschimmert nicht so hell und lacht
Als, holde Frau,
Ich juble, weil du mein
Allein,
Und du mir wohnst im Herzen
Als Edelstein.

Träumt meine Seele, schickt sie dir
Der Küsse Flut,
Denn du hast angefacht in ihr
Licht, Duft und Glut.
All, was ich wünsche, ist nun mein,
Allein,
Weil du in meinem Herzen
Als Edelstein!

Erdbeeren.

War es vor Jahren, war es gestern? Scheiden
Kann ich es nicht. Genug, daß es so war.
Weißt du, die Bäume dunkelten uns beiden?
Ich weiß, es glomm dein blaues Augenpaar.
Wir pflückten Beeren ... unter stillen Weiden
Ging laut der Quell, die Vögel sangen klar.

Da sprach ich: „Sieh den dichten Wald dort prangen!
Mühselig ginge drin es sich zu Zwein!
Da kann der Sonne Strahl kaum hingelangen,
Und um die Lärchen tanzt ihr karger Schein,
Und weiter herrscht die Nacht mit allem Bangen —
Und dennoch wünsch' ich dort mit dir zu sein!

„Umfassen müßt' ich dich an solcher Stelle
Und stützen deinen Schritt von Zeit zu Zeit,
Vorm Aste schützen deines Haares Welle,
Zu deiner Brust mich neigen, Seit' an Seit',
Dich heben, eh', im Moos versteckt, die Quelle
Mit hundert Perlen dir bewirft das Kleid.

„Da müßt' ich . . ." Du schwiegst eine lange Pause,
Im Aug' und auf den Wangen eigne Glut.
Die Lippen brannten in der Bäume Klause
So hell und rot. War's einer Beere Blut?
Wegküssen wollt' ich's . . . Du: „'s ist Zeit nach Hause!"
Wie tanzten die Libellen auf der Flut!

Und ich gehorchte dir. Und schneller gingen
Wir miteinander hin, viel weiser schon.
Nicht mehr vom Mund, nur aus der Hand empfingen
Wir jetzt die Beeren als bescheidnen Lohn.
Und als der Vogel aufgehört zu singen,
Begann's im Herzen . . . Weißt du noch davon?

Wir pflückten nicht die Purpurrose, thaute
Sie gleich von Duft und strahlte farbenlicht,
Des Glückes Vöglein scheuchten keine Laute,
Im Traum sing' er uns weiter sein Gedicht:
Das Heil, das diese Stunde uns vertraute,
Glüht fort in uns und stirbt in Jahren nicht.

Drum ob es gestern, ob vor Jahren? Scheiden
Kann ich es nicht. Genug, daß es so war.
Ich weiß, die Bäume dunkelten uns beiden,
Ich weiß, es glomm dein blaues Augenpaar.
Wir pflückten Beeren . . . unter stillen Weiden
Ging laut der Quell, die Vögel sangen klar.

Was mehr?

Das volle dunkelbraune Haar,
Das sternenhelle Augenpaar,
Die Stimme, tief und klar;

Die schönen Finger, weiß und lang,
Ein Nacken, wie die Lilie blank,
Gleich einer Fee ihr Gang.

Der Busen knapp, in strenger Tracht,
Der Blick dem Lenz gleich, der erwacht,
Ein Glöcklein, wenn sie lacht —

Wie mir geschah, ich weiß es nicht;
Worin die Anmut lag, so schlicht,
Worin das Zauberlicht?

Ob jeder Reiz für sich allein,
Ob alle, wirkend im Verein,
Zur holden Macht sich reihn?

Ich sah, wie Blatt und Blüte schmückt,
Ich fragte, wann die Frucht man pflückt —
Heil ihm, den sie beglückt!

Doch doppelt glücklich nenn' ich den,
Der rein kann solche Blüte sehn
Und fromm vorübergehn!

* * *

Schwanenmärchen.

Das Schloß am Usk, wie aus Krystall gehauen,
Sah es hinaus in trübe Winternacht,
Ein Feentraum, der eingewebt dem grauen
Gewölk, erstrahlend von des Silbers Pracht:

Das that der Schnee, im Mondlicht hell zu schauen,
Der selbst am Thor bedeckt der Drachen Wacht,
Und nur die Fenster sah man rötlich flimmern
Und weithin leuchten von des Herdes Schimmern.

Und da hier Stämme lohten in der Glut
Und zog der Harzduft nieder von der Decke,
Sank dichter Schnee auf Cornwalls Forst und Flut,
Und Mann und Hund verloren ganz die Strecke.
Der Wind pfiff draußen, hier war froher Mut,
Der Becher ging bei Scherzen und Genecke,
Aus Spitzen strahlt' der Nacken holder Schönen
Und Pagensang erscholl und Hörnertönen.

Der dritte Monat ist nun schon vergangen,
Seit sie verschüttet leben hier im Schnee,
Und Tag und Nacht — es hilft kein Flehn und Bangen —
Peitscht er die Fenster ungestüm und zäh.
Doch weiter blühn der Frauen Rosenwangen,
Der Ritter Blick glüht heißer noch als je,
Seit sie bei Spiel, bei Scherz und frohem Singen,
Vom Zwang vereint, hier Tag und Nacht verbringen.

Im Stuhl, gehüllt in eine Bärenhaut,
Lehnt König Artus mit bereiftem Kinne,
Norbreb am Tisch (dem er zu lang vertraut),
Bemüht, wie er Ginevras Herz umspinne,
Merlin, in einer Fensternische, schaut,
Wie in den Schnee des Mondes Schimmer rinne,
Erek, der blonde Jwein sehn gemach
Helenen und Violanten zu beim Schach.

Der Sänger singt sein Lied zum zehntenmale,
Im Herde stirbt der mächt'gen Flamme Schein,
Gleich Sternen glänzen rings die Goldpokale,
Und nieder schwebt seltsamer Schatten Reihn.

8

Kühner wird Mordreds Wort, mit hellem Strahle
Blickt durch das Fenster jetzt der Mond herein,
Der auf des Schlosses Bau sein Silber gießt
Und auch den weißen Bart Merlins umfließt.

„Sind wir verwünscht hier bis zum jüngsten Tag?"
Spricht Artus wie im Traum zu den Genossen.
„Das Eis hält fest den Fluß, ein Donnerschlag
Kann lösen nur das Band, das ihn umschlossen.
Leblos der Baum, die Blüten all im Hag —
Ich sehne mich, wann wird der Frühling sprossen?
Ich möchte jagen in dem Wald, dem dunkeln,
Sehn durch die Nacht des Luchses Augen funkeln." —

„Mir bangt nach Kämpfen," hub mit festem Ton
Erek das Wort, „nach Fährden und nach Mühen!" —
„Ich spielte Laute unter dem Balkon
Und ließe süß der Liebe Worte blühen!"
So dachte Iwein, doch er schwieg. Die Frohn
Der Minne ließ zuhöchst sein Herz erglühen,
Von Burg zu Burg schien ihm das beste Leben
Und immer neuem Ideal ergeben.

Merlin nickt ernst dazu. „Vergeblich ist
Hier jeder Zauber," spricht er sacht zum Greise.
„Zu raten ist hier schwer, es kommt die Frist,
Ihr Weben müssen wir erwarten weise.
Der Frühling naht von selber, nicht durch List" —
Auf Mordred fiel sein Blick, der heimlich leise
Ginevrens Gürtel rührte im Verlangen —
„Es bleibt uns nichts, als dankbar ihn empfangen." —

„Und wie der Lenz, so ist die Liebe — bricht
Sie selbst nicht an, dem Zwange wird sie schweigen.
Ein wahres Glück, kennt Trug und Lug sie nicht,
Als Himmelsgabe muß sie niedersteigen.

Im Herzen weich' der Winter erst dem Licht,
Dann wird der Schwäne weißer Zug sich zeigen,
Der Lerchen Lied drin einziehn voller Luft —
Den Lenz hat jeder in der eignen Bruft."

So sprach der Seher streng, die Stimme schwoll,
Wie wenn die Stürme durch die Wälder ziehn,
Aufatmete Ginevra tief und voll,
Stand auf von Morbred, seinen Bann zu fliehn,
Vom Auge heimlich eine Thräne quoll,
Im Schein des Feuers leuchtend als Rubin,
Zu Artus dann, und neigte sich zur Erde
Und sah empor mit flehender Gebärde.

Verwandelt alles flugs! Die unterm Tische
Vertraut berührt der Herrin Füßchen hatten,
Sie fühlten, daß die Schuld der Luft sich mische
Und wichen schweigend in des Vorhangs Schatten.
Merlin trat näher jetzt zur Fensternische:
„O seht, der Nebel weicht schon von den Matten,
Es siegt der Tag, nun füllet die Pokale,
Der Frühling kommt im goldnen Morgenstrahle!"

„Hört ihr es donnern schon? Es bricht das Eis,
O seht die Schwäne, die den Fluß beleben,
Der Nebelflor sinkt von den Fluren leis,
Die Welle rollt, von Perlen Schaums umgeben;
Der reinen Liebe wird allein der Preis,
Seht ihren Thron, geführt von Schwänen, schweben,
Die Schwäne, mächtiger als Donner, wecken
Das Leben wieder unter Eisesdecken!"

Zum Fenster eilen alle. Welche Luft!
Im Purpur rings die Welt, im wunderklaren,
Im Schwanenwagen, überdeckt vom Bluft,
Kommt nun die heil'ge Liebe hergefahren!

8*

Ginevra neigt sich an des Königs Brust
Und birgt die Thrän' in seinen grauen Haaren;
„Vergieb," so seufzt sie, „kann noch Milde sein
In deinem Herzen, dein bin ich und rein!"

Ein Schattenbild, schleicht Mordred aus dem Saale,
Die Becher füllen nun die Wohlgemuten,
Die Sonne blickt herab mit goldnem Strahle
Und sendet in das Aug' so volle Gluten,
Daß aller Haupt sich senkt mit einem Male,
Und jeder fühlt den Lenz im Herzen fluten —
Und als sie aufschaun, ist der Spuk verflogen,
Die erste Lerche singt am Himmelsbogen!

Schneeglöckchen.

Aus der Kapuze, weiß wie Schnee,
Zwei Rehaugen blitzend springen,
Wie wenn auf schneeige Fluren jäh
Die Strahlen der Sonne sich schwingen.

Kennt ihr die Sage vom Schneeglöcklein?
Es kam in des Winters Bangen,
Doch bei dem ersten Frühlingsschein
Ist's gleich an der Sonne zergangen.

Aus der Kapuze, so weiß wie Schnee,
Zwei Rehaugen blitzend springen,
Sie lacht so hell, wie wenn mit Juchhe
Sich Bursche und Maid umschlingen.

Das Märchen macht mir nicht bang, denn ich
Glaub besser den Scherz zu verstehen —
Ich drücke das Schneeglöckchen fest an mich,
Und wette, es wird nicht zergehen.

Aus der Kapuze, so weiß wie Schnee
Zwei Rehaugen blitzend springen,
Aus ihrem Herzchen fühl' ich jäh
Die Liebe wie Lenzwonne bringen!

Trübe Strophen.

Leg' auf die Stirne sanft mir deine Hand,
So fühl' ich noch nicht, daß es Abend werde.
Moos trägt der Fels und Blüten noch die Wand,
Ein trockner Kranz schmückt noch des Grabes Erde,
Bringt der November Nebel und Beschwerde.
Leg' auf die Stirne sanft mir deine Hand,
So fühl' ich noch nicht, daß es Abend werde.

So gehen wir zusammen lange schon.
Nicht Rosen kann ich mehr, nur Epheu geben.
Kein Nachtigallenschlag, schlicht ist mein Ton,
Des Kindes Klagruf, das verirrt mit Beben.
Du kennst die Lust, ich nur das Leid am Leben.
So gehen wir zusammen lange schon —
Nicht Rosen kann ich mehr, nur Epheu geben.

Wenn Rosen welken, grünt der Epheu fort
Und schmiegt sich an die Gräber, sie zu schmücken.
Eh' meine Seele sieht den dunklen Bord,
Laß mich den Kuß auf deine Augen drücken.
Von dir kommt Frieden, mildestes Beglücken...
Wenn Rosen welken, grünt der Epheu fort
Und schmiegt sich an die Gräber, sie zu schmücken.

So leg' mir auf die Stirne deine Hand,
Und noch nicht fühl' ich, daß es Abend werde.
Wie still der Weg wird sein, der noch nicht schwand,
Wir plaudern froh davon am trauten Herde.

Du warst mir, was an Ruh' mir gab die Erde.
So leg' mir auf die Stirne deine Hand,
Und noch nicht fühl' ich, daß es Abend werde.

Seufzer.

Ach, Hände, arme Hände!
In leere Nacht, in Qualen ohne Ende
Streckt ihr euch aus und faßt nur Schatten, Schatten.
Bis eure Kräfte sinken und ermatten,
O Hände, müde Hände!

Ach, Augen, erschöpfte Augen!
Ihr Kohlen, deren Glut die Thränen saugen.
Vergeblich euer Sehnen und Begehren:
Sie, der ihr glüht, wird euch nicht wiederkehren.
O, es ist gut, daß ihr verlöscht in Zähren,
Ihr Augen, arme Augen!

Leben — Tod.

Das Lied des Lebens.

Nacht. An dem Himmel, dem entströmt der Regen,
Begegnen sich von ungefähr zwei Engel
Und machen in dem uferlosen Raum
Halt vor einander mit der gleichen Frage
Auf bleichen Lippen: „Wohin gehst du, Bruder?"
Wie sind sie ungleich! Er der seinen Flug
Zur Tiefe nimmt, gehüllt in weißen Glanz,
Wie er vom Monde in der Herbstnacht rinnt;
An seiner Stirne eines Sternes Leuchten,
Ein frisches Reis — im Paradies gepflückt
Vom Baum des Lebens — windet durch sein Haar sich,
Das golden, wie das Meer der Ähren blinkt.
Der, welcher aus der Tiefe steigt empor,
Ist eingehüllt in bläulich grau Gewand,
Von jener Farbe, die der Nebel zieht
Ums Haupt der Berge, eh' mit kaltem Hauch
Auf kahlen Auen atmet der Dezember.
Das schwarze Haar hängt schmucklos ihm herab
Auf bleiche Lippen, wie bei Büßerinnen
Am Thor des Doms es spät're Zeiten sahen. —
So traf im weiten uferlosen Raum
Des Lebens Engel mit dem Tod zusammen
Und sie erkannten sich nicht.
                                    „Als der Sieger
Kehr' ich zurück, dem Ew'gen anzusagen,
Daß nun vollendet ist das Werk der Sintflut;"

So sprach der Tod, „und meine Schwestern herrschen,
Die Nacht und die Vernichtung."
                              ‚Lügen sprichst du,
Wenn du nicht irren magst. Das Leben ist
Und ewig wird es sein'. „So laß mich's sehen!"
Und beide flogen längs der Wolken hin,
Die jetzt wie Berge, jetzt wie Urwaldbäume
Sich dehnten, wuchsen, immer die Gestalt
Aufs neu verändernd, jetzt so wie die Hydern
Mit ungeheurer Windung sich umschlangen,
Und jetzt ein Meer von seltsam bunten Wesen
Zu Füßen ihnen gossen oder Städte
Aufbauten, wirr phantastisch. Und ihr Flug
Sank nieder; ihre Flügel rührten schon
Die schwarze Flut. Da sahen sie im Dunkel
Sich regen einen Punkt, die Arche Noahs.
Sie flogen hin und machten Halt auf ihr
Mit ausgespannten Flügeln und sie sahen
Mit Geisteraugen durch das tiefe Dunkel
Durchs mächtige Dach und durch die starke Planke
Was sahen sie?
                    Im unwirtlichen Fahrzeug
Saß auf dem Boden dort ein Mann, halbnackt,
In seinen Armen ein entzückend Weib;
Er drückte einen Kuß auf ihre Haare
Und schmiegte seine Wang' an ihren Busen
Und koste ihr die Augen. Sie, verzagt,
Erbebte nur und flammte ganz im Purpur,
Darin die Sonne glüht, wenn sie zur Ruh geht.
Und dieser starke, riesengroße Mann,
Der letzte, den die große Wasserflut
Am Leben ließ, der sang ein wildes Lied.
Das klang so drohend und so leidenschaftlich
Und drang durch die gewaltige Wand des Schiffes,
Und brach durch das Gebälke seines Dachs

Und stieg zum Himmel unaufhaltsam auf.
Und sie vernahmen lauschend diesen Sang:

Wild kocht der Wogen Schwall, hörst du es, Herr der Welt?
Siehe den Spruch erfüllt, welchen dein Zorn gefällt:
Ich schwimm' auf schwankem Brette!
Wolltest zu Tod das Volk drücken in grimmer Hand,
Aber des Lebens Keim glitt dir hindurch und fand
Im schwachen Rohr sein Bette.

Wild kocht der Wogen Schwall, unter mir schwarze Nacht,
Aber in frohem Mut laß ich hinaus mit Macht
Das Lied des Lebens klingen.
Ob du mich hören magst, das macht mir wenig Pein.
Weiß nicht, wohin es geht; zieh ich zum Glücke ein,
Wird mich das Meer verschlingen?

Das aber weiß ich wohl, daß ich noch lebe hier,
Und in den Armen heil lagert mein Weib bei mir,
Mein einziger Geselle;
Und in das Dunkel strahlt licht mir ihr süßer Leib,
Mit einem einzigen Kuß bringt das treue Weib
In all die Nacht mir Helle.

Als du die Meeresflut schäumend hinausgejagt,
Schufest der Felsen Haupt, hab' ich nicht nachgefragt —
Was willst du mit mir rechten?
Führen der Sterne Tanz gleich einer Herde still
Lagst du in hellem Glanz — Frieden im Herzen, will
In des Weibes Haar ich flechten.

Du magst zur Tiefe ein fahren in Blitzesglut,
Gießen aufs weite Meer schillernd der Sonne Blut,
Durchs Thor der Ströme bringen,
Lagst zu dem Himmel auf jagen Kaskadenschaum —
Ich will den treuen Arm glücklich auf grünem Raum
In ihre Hüfte schlingen.

Zwei sind der Welten da, die du geschaffen hast;
Beide nicht tilgst du jetzt! Siehe, das Leben faßt
Den Strohhalm, dran sich's rette.
Selbst in der Schreckensflut, dienend dem Tod allein,
Wimmelt das Leben rings, regt sich ein neues Sein,
Ich schwimm auf meinem Brette!

Leben — das tilgst du nicht, schwändest mit ihm zugleich,
Leben — das herrlichste Wunder im Weltenreich,
Ich fühl's im Herzen schlagen.
Trotzend dem Meer und Tod, dem ich mich Sieger weiß
Werd' ich's, der einzige, in meinen Pulsen heiß
In ferne Zukunft tragen.

All, was die kommende Zeit sich erträumt, erringt,
Was von verstorbenen Tagen herüberklingt,
Ich fühl, wie's in mir lohe —
Allmutter, Gattin du, juble in frohem Sinn,
Blühn wird der Liebe Frucht, du bist die Priesterin,
Die heilige und hohe!

Leben, o Leben du, mächtig und wunderbar,
Schon seh die neue Welt blühen ich freudig klar
Auf frisch errungner Stätte —
Laß all die Wasser denn steigen zu hoher Flut
In meines Weibes Arm seh ich sie wohlgemut —
Ich schwimm auf meinem Brette!

*   *   *

Mit Schrecken hörten dieses Lied die Engel
Sie wollten wortlos auseinanderfliegen,
Der hier, der dorthin. Doch ein seltsam Fühlen
Ergriff sie — zögernd standen sie noch still,
Dann sanken sie einander in die Arme.

Metamorphosen.

Ich seh', wie in der Jahre Flug
Von Wandlung ich durch Wandlung gehe,
Ob Ruh' mich füllt, ob wilder Zug,
Ob Glück mir wird, ob Kampf und Wehe:
Das Feld ich, das Geschick der Pflug.

Ein Etwas baut an mir, reißt ein,
Ein Etwas giebt und nimmt mir wieder,
Jetzt sind viel hundert Welten mein
Und hundert sinken plötzlich nieder —
Dem Proteus gleich ist all mein Sein.

Wann ist des Wirkens letzter Tag?
Bricht's völlig ab der dunkle Streiter?
Gießt, was in mir krystallen lag,
Er in die Welten wohl, daß weiter
Es fliegen, blühen, leben mag?

Sei's wie es sei! Der Stoff auch nur
Der Schöpfung sein, ist auch schon selig.
Und mütterlich ist die Natur,
Die sänftigt alles Leid allmählich —
Will mehr noch unsre flücht'ge Spur?

Im Maienregen.

Ich lausche hinaus in die tiefe Nacht,
In die wonnige, warme, weiche,
Und glaube selber gesellt zu sein
Der Schatten stillem Bereiche.

Ich schau in die Ferne, herüber blinkt
Nur die Blütenfülle der Bäume,
Und drüber, vermählt mit des Himmels Grau
Der Höhen verschwimmende Säume.

Und es regnet langsam, mir ist wie im Traum,
Und wie sie mir leuchten entgegen,
Kann kaum ich scheiden im feuchten Gras
Der Tropfen, der Blüten Regen.

Und ich trinke den Frieden mit vollem Zug,
Der ausgegossen zur Stunde —
O stille, stille, das Glück ist da
Und macht ganz nahe die Runde.

Ich halte Wacht — beim Fenster sacht
Steht's grad' jetzt hinter den Bäumen
Und überschüttet mit Rosenbluft
Meines Weibs, meines Töchterchens Träumen!

Aus den „Liedern von meiner Tochter".
Geburtstag.

Ein wenig trüb, der vierzehnte April.
Doch haben wir, was unser Herzchen will,
Als Pfeifchen, Luftballon und Trommel, weiter
Auch einen Pfau, gar farbenbunt und heiter,
Zieht man die Schnur, schlägt er ein Rad sogleich.
Sei's immer trübe, wir sind überreich.
Und wäre Frost im Mai uns noch beschieden,
Wir schliefen bei der Mutter doch in Frieden,
Und bleibt uns Langeweile nicht erspart,
So zerren wir den Vater keck am Bart,
Und necken Großmama — und wachsen munter.
Und alles lockt und freut uns. Doch darunter
Ist nicht's, wie unsere zwei Füßelein,
Die gestern wir entdeckt — und ganz allein!
Nun unterhalten die uns stets am besten.

So hat Kolumbus nicht bestaunt den Westen.

Zwei Bilder.

uf dem Tisch vor mir zwei Bilder: ernst Victor Hugo,
ib mein Töchterlein daneben, blühend, frisch und froh,
äglich bei der Arbeit seh ich beider Angesicht,
ib die Seele, was sie quäle,
irb mir frei und licht.

igend eint sich hier und Alter, was erst kommt, was war,
olbne Härchen, fein wie Seide und das weiße Haar,
:aun ein ganzes Leben, Lächeln hier und Furchen dort,
och aus beiden, nicht zu scheiden,
uillt der Liebe Hort.

er Unsterblichkeit, den Zeiten eingeprägt die Spur,
ı mein Kind, von Engelsflügeln süßer Schimmer nur,
:r verschwinden wird, ein Kleinob, ach für uns allein;
n mein Sinnen endlos spinnen
ibe holben Schein.

anchmal streben meine Lieder auf zu Sternenhöhn,
och ein Blick auf meine Tochter, wieder lieb und schön
heint die Erde, wo sie mein ist, sie mein Auge sieht,
ich entzückend, mich beglückend
ehr, als Lerchenlied.

t drückt mich die Last zu Boden, ich verzage scheu,
ıı ein Blick auf diesen Alten und ich fasse neu
ın Pokal, drin, Poesie, mir, deine Sterne glühn,
las mich nieder ziehn will, wieder
erwind' ich's kühn.

ı der goldnen Mitte leb' ich stille und allein,
ine Züge, Tochter, stillen aller Sehnsucht Pein,
löße lehrt mich des olympischen Greifes Angesicht,
ıb die Seele, was sie quäle,
ırb mir frei und licht.

Illuſion.

Der Saal war voll. Und wie ich forſchend ſchickte
Die Augen rings, da beim Klavier erblickte
Ein Mädchen ich. Den Noten zugewandt,
Stützte den Kopf ſie träumend in die Hand.
Ich ſah nur ihres Haares reiche Wellen.
Das lockte mich, ſie ganz mir vorzuſtellen:
Ihr hold Oval, ihr kindlich Angeſicht,
Darauf der erſte Traum ergießt ſein Licht,
Der Lippen keuſche Beeren, friſch entſproſſen,
Die Stirn, darauf der Frieden ausgegoſſen,
Wie auf dem Marmor liegt der Mondenſchein.
Und weiter träumte ich: ihr innres Sein,
Ihr Sehnen, Sinnen in des Reifens Jahren, —
Und all das las ich aus den dunklen Haaren,
Ein Maler faſt, hab ich ſie hingeſtellt.
Da bangte mir, daß dieſe ganze Welt,
Die ich erträumt, mit einmal ſtürzen werde.
Ich ſenkte meinen Blick feſt auf die Erde,
Das Bild im Herzen, floh ich fort von ihr.

Warum, ihr Illuſionen, dürfen wir
Nicht ſterben, eh das Leben euch zerſchlagen,
Nicht euern hellen Glanz hinübertragen?
So, unſre Stirn geweiht von eurem Flug,
Auskoſten bis zur Neige wir den Trug.

Der Karneval der Seele.

Sieh, Fackelſchein erglänzt! Horch, wie die Wagen
Zu froher Maskenluſt mit Raſſeln jagen!

Zu mir kommt Phantaſie, an meinen Wänden
Beim Schein des Herds den Karneval zu ſpenden.

Da Harlekin! Das ist die gute Laune,
Der springt und hüpft so kühn, daß ich erstaune.

Und das Gefühl, Pierrot, ein zänkischer Range,
Dort Columbine, gar so bleich und bange.

Wer mag sie sein? Ein Lied klingt in die Ohren
Und in Erinnrung ist mein Haupt verloren . . .

Und jetzt von Amoretten ein Gedränge!
Das ist der Wünsche und der Träume Menge.

Und alles durcheinander, welch Geschwirre!
Scheu wird die Seele und der Kopf wird irre.

Nun plötzlich still. Zwölf schlägt's und in die Halle
Dringt schwarz Gewölk, wie Schatten schwinden alle.

Ich seh' es noch nicht, doch des Herzens Lasten
Sagt mir, es kommt der Seele traurig Fasten.

Und alle Blüten in den Staub hin reißt es,
Und dieses Unbekannte — Alter heißt es.

Rings still und leer. Und alles fortgeschlichen,
Und Götter, Satyrn, Nymphen sind entwichen.

Die Hände ringt nur, schmerzerfüllt die Miene,
Die tote Jugend mein — die Columbine.

Weit, wie weit!

Als ich ein Knab' im ersten Traume lebte,
Da war, was ich ersehnte und erstrebte,
Noch in der Zukunft Ferne weit, wie weit!

Mit vollem Wind treibt schon zum Port mein Nachen,
Und was für Wünsche auch in mir erwachen,
Es ist vorüber und liegt weit, wie weit!

Ich glaube, wölbt sich mir das Grab zum Male,
Sind all' die unerfüllten Ideale
Auch in der Ewigkeit noch weit, wie weit!

Des Glückes Becher wich, eh' er mich tränkte,
Der Liebe Falter, eh' er mich beschenkte,
Und Blüte sind und Früchte weit, wie weit!

Die Arbeit blieb mir nur, ein Leuchtturm helle,
Der strahlt mir in die Nacht und auf die Welle,
Und mächtig bringt sein Leuchten weit, wie weit!

Hoc erat in votis.

Auch ich besaß ein Ziel, gar kindisch kühn:
Nur wenig Jahre meines Daseins leben
Allein, ganz den Gedanken hingegeben,
Fern allem Leid und ödem Tagesmühn.

Da wo mir dunkelt stilles Waldesgrün
Der Fluß erblitzt, wenn sich die Nebel heben ...
Sanft wie Musik sollt mir die Stunde schweben,
Und völlig mein, mir jeder Tag erglühn.

Mit Dichterfreunden schritt' ich unter Bäumen,
Und wenn das Dunkel rings sich breitet, sollte
Mir meines Weibes Stirn den Pfad erklären.

So viel und doch so wenig, was ich wollte —
Genug, daß mir die Götter eins gewähren:
Mein ganzes Leben doch davon zu träumen.

Von der Reise.

Als Jüngling las — wie rasch die Zeit entflieht! —
Von einem Dichter Chinas ich ein Lied.

Wie er in fremder Herberg' war allein
Und auf dem Boden lag der Mondenschein.

Die Stube eingehüllt in Schweigen ganz,
Nur neben ihm des weißen Lichtes Glanz.

So still, beklemmend stille ringsumher,
Dem Dichter ward ums Herz so weh, so schwer. —

Nach Jahren einst auf Reisen macht' ich Halt
In fremdem Ort, stumm sah herein der Wald.

Da glitt der Mond mit einmal ins Gemach,
Im Herzen ward das alte Lied mir wach.

Die Einsamkeit ergriff mich unsagbar,
Da ward das Lied mir erst im Tiefsten klar.

In fremder Herberg' war ich da allein
Und auf dem Boden lag der Mondenschein.

Das Haus, den Wald umhüllte Schweigen ganz,
Nur neben mir des weißen Lichtes Glanz.

Und ich empfand, wie ein Gefühl, beschwingt,
Ein Band um so verschiedne Geister schlingt;

Wie über Städte, Wüsten, Länder, See'n
Zwei Seelen sich im Wiederklang verstehn.

Den Dichter Chinas bannt wohl lang der Tod,
Doch sieh, mich faßte seines Herzens Not;

Vom gleichen Weh im Aug' die Thräne stand
Und fromm im Geiste drückt' ich ihm die Hand.

Fahrende Muſikanten.

Auf Ferien. Es iſt ſo duftig, ſtill.
Ich denke froh, wie ich nun ſchaffen will,
Und laſſe mich von meinen Träumen wiegen.
Den böſen Rieſen Zeit ſoll ganz beſiegen
Der kleine David, meine Arbeit, jetzt.
Nun gilt es Eile, raſch ans Werk geſetzt!
Das Buch liegt da, ich greif' zur Feder ſchon.
Da vor der Thüre, welch ein Jammerton!
Das lärmt und zetert ſchrecklich in die Ohren
Und ins Gehirn fühl' ich den Mißklang bohren,
Und ihrer falſchen Töne wild Gemiſch,
Quiekt, kreiſcht und pfeift und jammert meuchleriſch.
Ich ſchau durchs Fenſter — rund im Kreiſe ſtehn
Die Spieler da, gar hager anzuſehn,
Die Mützen ſchief, ſo tuten ſie in Ruh
Und geben mit dem Kopf den Takt dazu.
Zum Teufel! Iſt das „die verkaufte Braut?"
Und zu ſchlag' ich die Thüre wild und laut
Und werfe Buch und Feder auf die Seite.
Die draußen ſpielen fort.
　　　　　　　Im Zorne ſchreite
Ich auf und ab, doch bald iſt er verloht.
Wenn die da ſpielen um ein Stückchen Brot —
Sie wollen dich fürwahr, nicht ſich vergnügen.
Sie freut es nicht, auf ſteten Wanderzügen
Heut, morgen, früh und Abend wie im Raſen
Drauf loszuſtreichen und drauf loszublaſen,
Um heut hier einen Groſchen aufzufangen,
Dort ein Paar alte Stiefel zu erlangen;
Sie glauben auch, ganz trefflich aufzuſpielen,
Schon froh, damit das Leben zu erzielen. —
Fürwahr, der Dichter und der Denker ſcheint
Nicht beſſer mir: Welten zu ſchaffen meint

Ein jeder und der Stirne schweren Schweiß
Zu krönen mit des Eden Blütenreis.
Und jagt er nach dem Wahren und dem Schönen,
Pflegt man ihn oft als lästig zu verhöhnen.
Auch sein Konzert ist just nicht immer rein
Und in die Klänge mischt sich Falsches ein,
Dem Ohr der Menschen ist's ein fremder Ton,
Auch manche Note fiel daneben schon:
Und dennoch will er stolz, daß man's vergesse
Und ihm noch reich des Beifalls Dank bemesse.

Ei, spielt nur! Ich beschenkte drauf die Leute
Und Buch und Feder ließ ich ruhn für heute.

Der dumme August.

Horch, Paukenschlag! Die Jugend kommt in Eile;
Das Seil ist aufgespannt an hohen Stangen.
Der alte Gaukler hat schon angefangen
Und schreitet balancierend auf dem Seile.

Ein falscher Schritt, dann sei ihm Gott zum Heile!
Doch unten steht, mit falschem Tand behangen,
Der dumme August mit bemalten Wangen
Und kürzt dem Volk mit schalem Spaß die Weile.

Der Gaukler in der Hitze, er gedeckt
Im Schatten, wo ihn derb die Herrin neckt,
Er fletscht die Zähne, wendet träg sich um.

Applaus. Der Gaukler wischt sich ab den Schweiß,
Die Münzen sammelt August ab im Kreis:
Der August, mein' ich, ist nicht grade dumm!

In memoriam.

Der Mütter erste, Erbe du, empfange
In deinen Schoß die teure Mutter mein,
Gönn' ihr die süße Ruh' nach Sturmespein,
Bett' sie auf Blumen für die Rast, die lange.

Ihr goldnes Herz, das in geheimem Drange
In Kampf und Wust gesandt der Liebe Schein,
Gleich Lampenschimmer — wird es wieder dein,
Wandl' es zum Stern, der milden Lichtes prange.

Und diesen Stern laß in das Herz mir schauen
Und drin entflammen rein und ungehemmt
Mir ihre Güte, Liebe, ihr Vertrauen,

Daß ich, wie sehr vom Leiden umgetrieben
Und hoffnungslos, doch der Verbitterung fremd,
Stets könnte so wie sie die Menschen lieben.

Der Schmerz.
(An Prof. Dr. Ed. Albert.)

Wahr ist es, was dein Lied, dein Messer lehren:
Vom Schmerz kann Heil nur und Erlösung stammen;
Er ist des Moses Kohle, die versehren
Die Lippe muß, zur Lieb' sie zu entflammen.

Was trüb und dunkel, kommt der Schmerz zu klären,
Lehrt sorgen Herzen, die sich sonst verrammen;
Das kalte Herz zieht sich im Krampf zusammen,
Bis alles Eis zergeht im Quell der Zähren.

Und so gleich dir, mit scharfem Aug' begleitet
Der Dichter ihn auf seiner Segensrunde,
Wie er mit Eumenidenschritten schreitet.

Wie tief der Schmerz ihm in das Herz mag bringen,
Sein bittres Manna führt er doch zum Munde:
Er weiß, so wachsen unsrer Seele Schwingen.

Nur noch ein Weilchen!

Nur noch ein Weilchen! hörst du von dem Kinde,
Wird es vom Spiele endlich weggeschickt.
O Not, daß uns die Zeit flieht so geschwinde,
Der Vogel Leben immer weiter pickt.

Nur noch ein Weilchen! hörst du Paare sagen,
Die Hand in Hand und Aug' in Auge stehn,
Wenn sie dem Mond den Schmerz der Sehnsucht klagen
Und denken bang ans Auseinandergehn.

Nur noch ein Weilchen! Spiel nicht und nicht Lieben!
Wir rufen zag: Nur noch ein Weilchen Frist,
Wenn unsrer Stirne Furchen eingeschrieben,
Und fühlt das Herz, daß es zu Ende ist.

Warum dies Weilchen? Was soll das uns geben?
Wir fluchten unsrer Lebensfahrt bisher,
Was mit dem Weilchen noch? Wir fühlen eben,
Daß dies gerad' das allerschönste wär'!

Stimmung.

Im Herzen ist mir schwer, so schwer,
Als wär' ein Unheil auf dem Wege —
Dort an der Thüre, pocht nicht wer?
Warum die Angst, die ewig rege?

Nein es war nichts und stille rings —
Nun seh' ich's aus den Winkeln steigen —
Jetzt war es — durch die Stube ging's —
Was brennt die Lampe nur so eigen?

Ein fernes Weinen leise hallt,
Jetzt näher, nah, der Ton voll Schmerzen —
Jetzt, als ob rauschte laut der Wald —
Wie schwer, wie schwer ist mir im Herzen!

Der Sarkophag.

O Hellas, Land der Kunst und Lebensluft,
Dein Strahl scheint hell in meine dunkle Brust,
Und jene Sonne, die im Morgengrau
Geküßt einst der Hymettusblumen Thau
Und ihre Glut goß in die Traube nieder,
Vergoldet mir auch den Pokal der Lieder!

Einst sah im Schutt ich einen Steinsarg liegen,
Und noch bis heut', Zugvögeln gleichend, fliegen
Zu ihm die Träume, jagt der Sturm einher
Sie auf des Lebens aufgewühltem Meer.
Sein denk' ich, wenn ich seh, daß keine Brücke
Des Himmels Blau eint mit des Meergrunds Tücke,
Des Schmerzes Klüfte mit des Glückes Fächeln,
Das Leid des Menschen mit der Götter Lächeln;
Wenn ich an allem auf der Welt verzage,
Mich frage, wie so elend unsre Tage,
Wie uns die Hoffnung trügt mit falschem Licht,
Der Steg uns unter jedem Schritte bricht.
Wie ist es möglich, mit der Dichtung Rosen
Den Schleier zieren, der den bodenlosen
Und düstern Abgrund deckt, mit heitern Tönen
Den Wirbel, der unendlich tobt, verschönen?
Wie der Meduse Antlitz zu verklären?
Dem Leid zu leihen der Ergebung Zähren?
Den Glauben lehren, schwankt selbst der Verstand?
Wie aufwärts fliegen, wenn der Staub uns bannt?
Wie ist es möglich?

Sieh den Steinsarg hier!
Der Wicke Kranz schafft ihm des Frühlings Zier;
Auf seinem Deckel übermütig zeigen
Die Satyrn und die Nymphen sich im Reigen,
Im Lockenhaar den immergrünen Kranz.
Drin schläft der Tote; draußen hascht im Tanz
Und küßt der Reigen sich in heißem Glühn.
Drin schläft der Tote; draußen fordert kühn
Der Satyr von der Nymphe Liebesbank.
Drin schläft der Tote; draußen schäumt der Trank,
Drin Staub und Asche, moderndes Gebein ...
Dem Deckel trotzend in die Nacht hinein
Dringt mächtig Lachen, Liebe, Duft — und sieh,
Das Leben überschwillt von Harmonie!

Nach Glück will ich nicht fragen.

Nach Glück will ich nicht fragen,
Nur Ruh, gieb Gott, nur Ruh!
Zu Boden hast geschlagen,
Was Blüten sollte tragen,
Herz und Gedanken du.
Nach Glück will ich nicht fragen,
Nur Ruh, gieb Gott, nur Ruh!

Treppen.

Die einen führen zum Palast,
Aus Marmor und belegt mit Decken,
Von Balustraden eingefaßt;

Die andern in ein Bürgerhaus,
Von Sandstein winden sie sich aufwärts
Und sehen schlicht und schmucklos aus.

Die britten schlecht und ausgewetzt,
Unenblich steil und unzugänglich,
Die Wand von Feuchtigkeit durchsetzt.

Doch ein Gedanke, welcherlei
Ich Treppen immer mag betreten,
Faßt mich und giebt mein Herz nicht frei:

Daß über alle voller Weh,
Mit Klagen und mit bittren Thränen,
Die kaum ein Leben trocknet je —

Daß über alle, ob belegt,
Ob nackt und ärmlich, gleicherweise
Man Totensärge niederträgt.

Das geöffnete Fenster.

Gewettert hat's die Nacht, am Morgen schließe
Ich auf das Fenster, frisch strömt ein die Luft,
Ich sehe ringsumher, wie's leuchte, sprieße
Und allwärts Leben, Vogelsang und Duft.

Und alles saug' ich ein, ganz hingegeben,
Und mir ist so, als ob ich beten müßt',
Daß in der Brust mir wiberhallt dies Leben,
Daß liebend es mir Haar und Schläfe küßt.

Und ich empfind' es voll, will an ihm hangen,
Schon glücklich, weil ich seiner bin ein Teil,
Ich seinen Wiberglanz im Lied darf fangen,
Und mit ihm landen in Nirvanas Heil.

Und sinnend denk' ich, wenn mein Sein zu Ende, -
Dann öffnet hier das Fenster einer auch,
Und auf die bleiche Stirn, die kalten Hände
Dringt strömend ein der frische Morgenhauch.

Doch beb' ich nicht ... zum Kosmus wächst, sich weitend,
Mein still Gemach, mir sagt des Herzens Schlag:
Der Tod ist nur ein offnes Fenster, leitend
Ins wahre Leben, in den ewigen Tag!

Zwei Gedichte.

Auf einer niedern Kirchhofmauer sitzend,
Las ich ein Buch von Liedern.
Das waren wilde schäumende Strophen,
In denen Lippen sich an Lippen drückten,
In denen nackte Arme
Die Lilienhüfte einer Fee umfingen,
Das Blut, gleichwie die Lava
Stieg zum Gehirn, des Herzens wilder Schlag
Die Brust fast sprengen wollte,
In denen Lieb' und Lust vereinigt sangen
Den trotzig jubelnden, den großen Päan!
Die Blüte sah des flammendroten Mohnes
Voll Neugier in das Buch mir
Und nickte wie zum Beifall,
Als wäre eine helle Lohe
Vom Buche ausgeflogen
Und hätte sich zur Blüte umgewandelt,
Die um das Haupt mir nickte;
Und ein verirrter Falter,
Die Schwingen lauter Purpur
Und Gold, flog eine Weile
Mir über der Zeilen Fülle,
Wie eine Strophe, die lebendig worden,
Des glühenden, des schäumenden Gedichtes.

Da fielen meine Blicke
Vom Buche über die Mauer
Und auf den Friedhof, von dem Wald umsäumt,

Und vor mir rauschten
Ganz andre Strophen
Der niemals ausgesungnen Epopöe,
So voll von Milde, Ruhe, sanfter Trauer,
So voll von Frieden, von Entsagen,
Des ewigen Gedichtes,
Das strenge singt der Tod — Und ich erbebte
Und schloß das Buch in Eile.
Der Freude Lied schwieg vor dem Sang des Todes
Und wie zum Einklang rauschten ringsumher
Die ernsten Buchen und die Silberbirken.
Der Falter flog hinweg und nur der Mohn
Stand wie ein Widerspruch im heißen Lufthauch
Und brannte in der Sonne ...

Das Ende.

Ach, wenn es doch nicht dieses Ende gäbe! —
So sprachest du und blicktest stumm zur Erde.
Dies ganze Leben, voll des Leids und Kampfes,
Wie mild erschiene uns des Seins Beschwerde!

Wie leicht wär's, alles weiter zu ertragen,
Entsagungsleid, des öden Werktags Ringen,
Die Sehnsucht, welche ruft: „Noch kein Genügen,"
Die Träume, die zum Licht vergeblich bringen.

Ach, wenn es doch nicht dieses Ende gäbe! —
Und bitter ward dein Mund bei dieser Klage,
Und mir erschien, daß an dem schlichten Worte
In Ohnmacht alle Weisheit sich zerschlage.

Ich sah im Geist den hohen Greis von Ferney
Sich schaudernd von dem Schluß des Dramas wenden,
Von jener Scholle, auf den Sarg uns dröhnend
Mit der für uns so Höll' als Himmel enden.

Ich hörte im Geist des alten Dichters Chorlied
Daß nicht geboren sein das Beste wäre,
Und auf die Stirn, gefurcht vom Zug der Tage,
Trat kalt der Schweiß mir von des Grauens Schwere.

Und pressend deine Hand, fühlt' ich den Tod schon,
Den Jäger, der nach allem, was da lebe,
Und auch nach uns wirft schreiend seine Netze ...
Ach, wenn es doch nicht dieses Ende gäbe!

Ein Nachtlager.

Auf Reisen ward ich oft verschlagen
In einen gar entlegnen Ort
Und fand dort spärliches Behagen,
Der Regen klatschte immerfort.

In dumpfer Stube mürrisch kauernd,
Gesichter, alle kalt und fremd,
Die Tropfen ewig niederschauernd —
Kein Wunder, ward der Mut beklemmt.

Beim Ofen spielten laut sie Karten,
Am Eingang gähnte träg der Hund,
Dort lachten sie, ob sie mich narrten?
So düster war der Hintergrund.

Wie geht wohl diese Nacht vorüber
Und werd' ich morgen weiterziehn?
Der Regen rauschte immer trüber,
Der Wind durchheulte den Kamin.

So ängstlich war mir da, so eigen;
Mir selber fremd im Augenblick,
Saß ich bei schlechtem Bier in Schweigen
Und überschlug mein ganz Geschick.

Die Stube wurde leer. Ich dachte
Noch lange nicht ans Schlafengehn,
Allein des Schenkwirts Knurren machte
Mir klar, daß Zeit sei, aufzustehn.

Auf alten Treppen folgt' ich bange
Der Dienstmagd lange still und stumm,
Und dann in einem dunklen Gange,
Die Wand voll Feuchtigkeit ringsum.

Da eine Thüre ohne Klammer,
Ein Fußstoß öffnet sie im Nu,
Ich trat in eine nackte Kammer
Und drin ein ärmlich Bett zur Ruh.

Mißtrauisch legt' ich mich zu Bette,
In Kleidern, wie ich ging und stand,
Und horchte auf der Lagerstätte
Nach jedem Ton an jeder Wand.

Wenn eine Treppe irgend stöhnte,
Ein Mäuslein durch die Stube schlich,
Wenn einer Thüre Knarren tönte,
Ich dachte gleich, sie öffnet sich.

Und endlich war ich eingeschlafen —
Spät wacht' ich auf, froh und belebt,
Vernahm den Laut von Küh'n und Schafen
Und sah den Osten goldburchwebt.

Ich ging hinaus. Was mir am Abend
Beängstigend gespenstisch war,
Lag da, ein offnes Buch, mich labend,
Die Luft so frisch, die Welt so klar.

Und in der Schenke frieblich Lächeln,
Ein Paradies die Gegend fast,
Hier schien das Leben mild zu fächeln,
Ein Gottgeschenk die Stunde Rast.

Und schließlich that mir weh das Scheiden.
Und als ich Gestern maß mit Heut',
Und dachte an der Erde Leiden
Und an dies Thal, das mich erfreut —

Sprach ich zu mir: Das Bangen, Schauern
Von gestern war nur deine Schuld,
Es gilt nur immer auszubauern,
In Leid und Weh braucht's nur Geduld.

Ausdauern gilt's! Was dir gegeben,
Nimm's, wie es kommt, nimm es mit Lust:
Ein Paradies scheint selbst das Leben,
Wenn du einst Abschied nehmen mußt.

Erzählende Gedichte.

Harut und Marut.

Als schon die Macht des Salomo das Reich der Djins u...
spannte,
Am Himmel er der Sterne Zahl, der Meere Tiefen kann...
Da raunte Sabas Königin, eh' sie besiegt, die Reise
Begann zurück ins Vaterland, ihm in die Ohren leise:

„Du kennst, mein König, alles schon! Den Himmel und ...
Hölle,
Und nur den Baum des Lebens nicht. Auf Babels Schut...
gerölle,
Dort steht er, zwei der Engel sind in ihn gebannt, die geb...
Dir Kunde, was die Quelle ist und was das Ziel vom Lebe...

„Der eine ist in Nacht gehüllt und führt den Namen Har...
Der andre strahlt in hellem Licht, das ist sein Bruder Mar...
Die beiden standen Gott zunächst, als er die Welten bau...
Dem Lehm, draus er den Menschen schuf, des Lebens Hau...
vertraute.

„Der Mensch, so wollte Gott zuerst, sollt' auf zum Höchst...
steigen,
Und alle Wesen sollten sich vor seiner Größe neigen,
Des Ew'gen Erbe sein und Sohn und ihm zunächst an Gabe...
Die Sonne als sein Diadem, den Mond zum Schemel habe...

„Und in den Lehm blies Gott der Herr, da kam in i...
Bewegung,
Im niedern Staube rief empor sein Hauch der Liebe Regun...

Und zu den Geistern sprach der Herr: ‚Mein Hauptwerk will
ich machen‘.
Doch Harut hob und Marut an ein ungestümes Lachen.

„Als Jahve blies, blies Harut auch und Marut haucht’ da-
zwischen,
Und ihrem Neiderhauch gelang’s, den Urplan zu verwischen,
Der Mensch erstand in seiner Kraft und Schönheit — nicht
der ganze,
Halb Stoff, gefesselt alle Zeit, halb Seraph, hehr im Glanze.

„Da fuhr im Zorne Gott empor, weil er beim höchsten Werke
Gestört von bösen Iblis ward, gehemmt ward seine Stärke,
Er zwang sie nieder in den Baum, in dessen Näh’ erschlagen
Den Abel Kain und Babel stand in spätrer Zukunft Tagen.

„Wie ich gesagt, kennst alles du, bist groß und bist der Weise.
Wie um den Mond in stiller Nacht die Sterne ziehn die Kreise,
So neigen sich die Völker dir ringsum in weiter Runde,
Nur von den beiden Engeln fehlt bis heute dir die Kunde.“

So sprach sie und zog fort im Zug der Mäuler und Kamele.
Der König blieb, den Sinn entflammt und voll des Leids
die Seele.
Ihn freute nicht sein Scepter mehr, des Tempelbaus Gepränge,
Die Sprüche der Propheten nicht, nicht seiner Spieler Klänge.

Der Weinberg freute ihn nicht mehr, wo bei des Mondlichts
Fluten
Er traf die dunkle Sulamith in heißen Liebesgluten,
Die goldnen Hallen mocht’ er nicht, der Cedern Prachtpaläste,
Ägyptens Tänzerinnen nicht, die hüllenlos beim Feste.

Und Banaj rief er zu sich her im ersten Abendgrauen
Und überließ ihm Stadt und Reich mit fürstlichem Vertrauen,
Nicht wissen sollte wer, daß fort im härenen Gewande
Nach Babel hin der König zog durch weite, wüste Lande;

Daß einsam er von Dorf zu Stadt im Bettlerkleide wallte
Und als ein Fremder schüchtern frug, ob recht den Weg er
halte,
Bis dem Ermatteten zuletzt der Wallfahrt Ziel erschienen
Und er im Schutt sich dehnen sah der Babelstadt Ruinen.

Ein Riesenturm in Trümmern zog sich hin mit dunklen
Mauern,
Da spielte mit dem Gras der Wind und seufzte aus sein
Trauern,
Ein Feigenbaum verkrüppelt stand, entfernt auf Steinwurf-
weite,
Von dem sich streckte das Geäst gleich Armen in die Breite.

In diesen Baum gen Westen war gebannt der schwarze Harut,
In diesen Baum gen Osten war gebannt der weiße Marut,
Da wohnten sie Jahrhunderte und ließen oft im Schweigen
Der Nacht empor zum Sternenchor die wilden Flüche steigen.

Zum Baum trat hin der Fürst von West, und mit dem Finger
sachte
Anklopft' er: „Sieh, ein Fürst bin ich, der her die Reise machte;
Nun, schwarzer Engel, sprich zu mir: Was ist der Quell
des Lebens
Und was sein Ziel?   Gieb deinen Trunk, daß ich nicht
schmacht' vergebens."

Und aus dem Baume klang's heraus wie banger Seufzer
Wehen,
Beginnt die Sichel, blitzend scharf, die Gräser abzumähen:
„Das Nichts ist aller Ziel, die Nacht.   Was soll's mit all
dem Drange?
Ist eine Rose doch das All, bestimmt zum Untergange!"

Verwundert hörte Salomo die trüben dunkeln Worte,
Dann pocht' er gegen Osten an, wie an verschloßne Pforte,
Er wiederholte, was er bat, und heimlich hört' er schallen
Den Ton so süß und wunderhold, wie Sang der Nachtigallen:

Zu leben ist des Lebens Zweck, aus Staub und aus Ge=
beinen
Quillt neu die Ähre und das Gras in heller Sonne Scheinen,
Ein jeder Tag soll froh zur Lust und zum Genuß erglühen,
Ist eine Rose doch das All, bestimmt zu ew'gem Blühen!"

Da stutzte König Salomo und frug vom Westen wieder:
Wo finde Einklang ich und Ruh', steigt Friede auf mich
nieder?" —
Und aus dem Stamme scholl's zurück: „Im Grabe. Dort
gewinnen
Wird Ruh' das Leid und dahin auch geht jedes Weisen
Sinnen."

Und auf der andern Seite that der Fürst dieselbe Frage,
Und fröhlich klang die Antwort ihm: „Ficht nur und sei
nicht zage,
Der volle Becher lohnt die Müh', sie lohnt des Weibes Schöne,
Bestimmt, daß sie des Strebens Ziel als höchste Zierde kröne."

Da stutzte König Salomo, erwog der Sprüche jeden:
Marut ist Tag und Harut Nacht, so deut' ich ihre Reden.
Die beiden sind ein Ganzes erst; vereint giebt beider Walten
Den vollen echten Menschen erst. Den Rat will ich behalten.

Ja, glüht der Tag in höchster Glut, dann kommt die Nacht
gegangen,
Und wenn am reinsten ist die Lust, bricht Leid herein und
Bangen,
Des Bechers Grund ist Bitterkeit, wie süß er sich auch nasche,
Verdrossen ist das schönste Weib so fahl und grau wie Asche.

Und wahrlich, Gott vermochte nicht sein Werk in eins zu
enden,
Harut und Marut mußten sein ein Hemmnis seinen Händen,
Denn Harut ist der Mann, der Kampf, Marut das Weib,
die Wonne,
Aus beiden treibt des Lebens Kern empor zur hellen Sonne.

„Nicht konnt' in ein Geschöpf der Herr die beiden Kräfte
                                            legen,
Denn Harut war im Wege ihm und Marut stand dagegen,
Drum blieb der Mensch ein Bruchstück nur, drum muß er
                                       all sein Leben
Die Hälfte, die ihm ward versagt, sich zu gewinnen streben.

„Und beide sprachen Wahrheit mir, der Finstre und der Milde,
Ja, Staub ist all, doch ewig lacht das Glück im Frauenbilde;
Im Grab ist Ruh' und Friede nur, wenn alles Leid durch-
                                             messen,
Doch süßer, an des Weibes Brust die Erde zu vergessen.

„Und der nur, welcher beides weiß in eines zu umschließen
Des Lebens Bitterkeiten kennt, sein Glück weiß zu genießen
Kniet morgens vor den Göttern fromm und nachts vor
                                       seinem Weibe,
Bewußt, daß fern ihm Maruts Spott, der Fluch von Harut
                                       bleibe."

Und wohl gedacht er dieses Rats nach seinem Wiederkehren
Und höher hielt den Becher er, der Liebsten Reiz in Ehren
Und da er küßte ihren Leib in sel'gen Glückes Ahnung,
Floß von den Lippen, herb und ernst, des Predigers bittre
                                       Mahnung.

Felice Poni.

Geht ihr den steilen Fußweg von Marano,
Wo der Panaro sich durch Felsen windet,
Darüber ragt das Kahlhaupt des Cimone,
Der Wolken Kleid zerreißend — haltet ein.
Und sprießet in der Brust euch noch die Blume
Des Mitgefühls, die Thränen hat als Thau
Und in die Seele gießt geheimen Duft:
Dann steigt den steilen, steinigen Abhang nieder,

Vom Wildbach aufgewühlt, dem wilden Kind
Der Frühlingswetter, nehmt als Halt die Wurzeln;
Dann in der Sonne aufwärts, bis wo still
Ein kleiner Kirchhof auf der Eb'ne liegt,
So wie ein Blümlein auf der flachen Hand.
Dort an der Mauer, unter einer Pinie,
Stoßt auf ein Grab ihr, jetzt wohl gleich dem Boden,
Seht ihr ein Kreuz, vom Sturmwind wohl gestürzt,
Drauf eine Inschrift, wohl schon blaß vom Regen.
Dort setzt euch, wischt den Schweiß euch von der Stirne,
Und öffnet fromm dem Frieden, der von hier
Ringsum hinausströmt wie ein mächtiger Fluß,
Das Herz, vergiftet von des Lebens Zwist.
Hier ist sein Quell, nun atmet auf recht tief,
Und in der Weiden und Oliven Schatten,
Die hier den stillen Traum der Toten hüten,
Erzähl' ich euch, warum hieher mein Lied
Euch hat geführt den steilen, steinigen Abhang
Bis an dies Grab...

         Der in ihm schlummert, war
Ein alter Narr und hieß Felice Boni,
Der Kinder Liebling, und des Spottes Ziel
Den Größeren. Im Sommer und im Winter
Saß tagelang er auf dem Damm der Mühle
Mit kahlem Schädel in der heißen Sonne.
Stets barfuß war er, aber rein sein Kleid,
Ja fast geflegt mit komischer Sorgsamkeit.
Stets saß er auf demselben Platz, sang leise,
Und Gott weiß, was. Nie bettelt' er, nur leicht,
Ging jemand in das Dorf an ihm vorbei,
Hob er den Kopf und wandte auf den Wandrer
Die großen grauen Augen, sinnend, träumend,
Und lächelte ganz stille vor sich hin.
Und jeder ließ — warf er ein Spottwort auch

10*

Ihm erst entgegen — blühn in sich die Blume
Des Mitgefühls, die Thränen hat als Thau
Und mit geheimem Duft beglückt die Seele.

Froh war er stets, ihm lieb vor allem Kinder.
„Sieh da, der gute Narr!" so riefen sie ihn,
Weil er der Wächter Hiebe einst ertragen,
Um Kirschen, Beeren Pfirsiche und Mispeln
Zu reißen und den Kindern auszuteilen.
Bekam er einen Heller, schüttelte
Den Kopf er, wandte hin und her das Geldstück
Und näht' es mürrisch in die Weste ein.
Doch wenn ein Landmann, der vom Felde eilte,
Im Arm trug eine saftige Melone,
Hier hielt, ein Stückchen abschnitt und ihm's gab —
Dann lachte Freund Felice wie ein Kind,
Und gierig hackt' er gleich die Zähne ein
Tief in den kühlen Karneol, darin
Die Kerne so wie weiße Perlen lagen,
Daß ihm der Saft über die Hände floß.
Dann lachte laut er auf und jauchzte hell. —
Wie oft hab' ich den alten Mann beneidet,
Der in der Sonne saß sein ganzes Leben,
Nichts wußte von der Menschen bittrer Not,
Vom öden Heut', vom grauenvollen Morgen!
Dort saß er, sah mit klarem Auge auf
Zur Sonne, zu des Himmels weiter Kuppel,
Sah nieder auf den Fluß, die fernen Berge,
Und etwas glühte, wie des Lichtes Abglanz,
In seinen Augen.

                    Abend war's im Herbst.
Die Gegend hallte von Musik und Schüssen,
Von Sang und Tanz. Der erste Abend war's
Der Lese. O du großer Dionysos!
Ich weiß nicht, wo dein Grab ist, doch ich weiß,

Lang stiegst du draus, in Frohsinn umgewandelt,
Der aus den Seelen, Bechern, Augen lodert.
Sieh Körbe, voll mit Trauben, noch ganz frisch
Und doch so voll, so golden, bläulich duftig,
Im Lichte purpurn spielend, voll des Thau's,
Wie einer Maid noch ungeküßte Wange.
Auf steilen Leitern reihn sich wie im Tanze
Zu zwei und zwei die Bursche und die Mädchen;
Jetzt stellt den vollen Korb sie auf den Kopf
Dem Burschen, jetzt giebt er ihn leer zurück.
Und das geschieht so eilig, daß das Aug' nur
Die braunen Arme in Bewegung sieht.
Wo kam nur her der alte Pifferaro?
Das weiß kein Mensch, doch jeder sieht ihn gern.
Die Weinberghüter werfen übern Kopf
Tierhäute mit den Hörnern und sie schrecken
Die Mädchen und den fremden Eindringling,
In vielem gleich den Satyrn. Endlos Lachen,
Das Lied klingt in des Dudelsacks, der Pfeife
Tanzfrohen Takt, und wenn gefüllt die Körbe,
Dann krönt ein allgemeiner Tanz das Werk.

An diesem Tag wie immer saß nun Boni
Auf seinem Mühlendamm. Er lächelte,
Als teilt' er auch der Lese Lustbarkeit.
Da kam von ferne her zu ihm ein Zug.
Hoch auf den Köpfen Körbe voll von Trauben,
So gingen traut umschlungen Bursch und Mädchen,
Des Weines Hüter dann in der Vermummung.
„Der gute Narr! Seht, Boni! Er soll mit uns!
Nur er kann König unsres Weinfests sein!"
So scholl ein Ruf, und gleich rief's auch die Menge.
Allein der gute Boni rührt' sich nicht,
Er sah nach Westen, in den Zug der Wolken
Und lächelte.

„Da haſt du Trauben, Boni,
Komm' mit uns!" ſchrien ſie, und in den Schoß
Flog ihm ein Traubenregen. Er blieb ſtill,
Er zuckte nicht und ſah nur fort nach Weſten.

„Er will nicht gehn! So wollen wir ihn tragen!"
Sie ſtießen ihn, ſie riſſen, zogen an ihm —
Er aber rührte ſich nicht, lächelte
Und ſah nur nach der Roſenwolken Zug.

„Wir ſcheuchen ihn ſchon auf!" rief einer da.
Gleich ſprangen fünf von ihnen auf die Schleuſe,
Und blitzgleich ſchoß die Waſſermaſſe nieder
Hin übern Damm, wo unſer Boni ſaß.
Kein Aufſchrei — auf den Wellen glänzte nur
Für einen Augenblick ſein kahler Schädel.
Das Waſſer toſte laut und kochte wild
In ſeinem Bett — und längs des Ufers ſtanden
Mit angehalt'nem Atem, tief erſchrocken
Und wie vom Blitz gelähmt, die Übermüt'gen.
Heut war's vorbei mit Tanz und mit Geſang.

Sie fanden ihn, ſein Angeſicht war ruhig,
So lächelnd, wie nach Weſten er geſchaut ...
Und dieſem Narren, der hier ward gebettet,
Schrieb ich aufs Kreuz mit ungeübter Hand:
„Hier liegt und ruht in Gott Felice Boni,
Für ſeine Seele bete einen Spruch,
Wer hier vorbeigeht!" ... Darum führt' ich euch
Mit meinem Lied auf ſteinig ſteilem Abhang
Zu dieſer Eb'ne mit dem kleinen Kirchhof;
Der liegt, ſo wie ein Blümlein auf der Hand
Und wollte nur, es blüh' in euch die Blume
Des Mitgefühls, die Thränen hat als Thau
Und mit geheimem Duft beglückt die Seele.

———

Die Ähren der Armen.

Dieser Tag war heiß; die Walstatt
Decken tausend Moslems heute,
Heim durch der Nevada Schluchten
Führt der König seine Leute.

Über ihnen steile Berge,
Welche in den Nebel ragen,
Und sie reiten hin an Schlünden,
Wo des Maultiers Schritte zagen.

Hier und dort entlang des Weges,
Wo die Wände schroff sich neigen,
Liegen Felder eingebettet,
Des Gebirgsvolks ärmlich Eigen.

Kleine Felder, mag're Felder,
Graue Ähren zum Erbarmen —
Mit dem Volk hin jagt der König
Stürmend übers Feld der Armen.

Doch der Cid hält knapp am Abgrund
Sich auf engen steilen Pfaden,
Reitet wie auf Messers Schneide
Schnell und kühn und ohne Schaden.

Und vermeidet jede Ähre,
Die sich kärglich drängt zum Lichte,
Über Felsen, über Bäche,
Bleibt er kaum im Gleichgewichte.

Von dem Feld ruft ihm der König:
„Cid! ein Fehltritt — und vom Rande
Stürzt hinab der Schreck der Mauren,
Stürzt der Stolz dem Vaterlande."

Und der Cid, kaum hält zurück er
Seines bittren Zorns Gebärden:
„Hält der König solche Ordnung,
Wie soll's da im Lande werden!

Um sein Leben zu bewahren,
Stampft er auf der Armen Brote,
Daß bequem der König reite,
Plagt der Bauer sich zu Tode.

Glaub' mir, König, Gott mein Zeuge
Und St. Jakob — ich erkläre
Minder wert zehn Königsleben,
Als der Armen eine Ähre.

Auf dem felsig dürren Boden
Stehn die Halme, magre, schwache —
Aber jeder schreit zum Himmel
Wider dich empor um Rache!

Reit' denn hin und sei's zur Hölle!
Hart am Rand geht meine Strecke,
Und zerschellt mein Kopf, du weißt es,
Daß der Tod mich nicht erschrecke!

Denn wer Gutes thut den Armen,
Ihrethalben trägt Gefahren,
Dem zur Seite gehn zehntausend
Lichte Engel, ihn zu wahren.

Ja, sinkt gleich der Pfad zum Abgrund,
Daß ich Weg und Halt verliere —
Machte Gott um diese Halme
Einen Aar aus meinem Tiere!“

Die Thräne Twardowskis.

„Was so unwirsch? Reichlich flossen
Dir doch heut' die besten Weine,
Und das Kind von gestern Abend
War doch Jungfrau, wie ich meine?

„Geister aller Reiche füllten
Deines Gastgelages Plätze,
Seine Sterne gab der Himmel
Und das Meer dir seine Schätze.

„Und du wünschest immer mehr noch,
Neue Wunder und Genüsse,
Nicht befriedigt Glück im Spiel dich,
Nicht der Trunk, nicht Weiberküsse.

„Da mag Gott dir selber dienen!
Meine Kunst ist nun zu Ende,
Wahrlich, für dein bißchen Seele
Rührt' ich schon zu sehr die Hände.

„Was schon wieder? Kleine Kinder
Will ich eh zur Ruhe kriegen —"
Hoch erhebt das Haupt Twardowski:
„Durch die Welt will ich heut' fliegen!" —

„Fliegen durch die Welt! Nichts weiter?
Wie du willst, es mag geschehen.
Siehst du droben jene Wolke?
Meinen Mantel siehst du wehen.

„Nun, er kommt, er fliegt hernieder!
Steig auf ihn, ich steh schon oben.
Halt dich fest, mein Freund, am Mantel;
Jetzt ins Grau, ins Blau erhoben!"

Auf den Mantel stieg Twarbowski,
Satan faßte ihn geschwinde,
Und nun ging's durch das Gewölke,
Durch den Nebel, durch die Winde.

Und wie Schnee= und Blütenflocken
Steigen sie empor und schweben,
Und wie Fledermäuseflügel
Scheint der Mantel sich zu heben.

Und sie fliegen, höher steigend,
Über Thäler, Dörfer, Auen,
Bis sie sich im Wandelkreise
Flammender Gestirne schauen.

„Laß die Sterne!" ruft Twarbowski.
„Nieder! Menschen will ich sehen." —
„Willst du? Doch ich glaub', es kann dir
Ärgernis daraus entstehen!

„Es ist Nacht!" — in Satans Antlitz
Blitzt der Hohn, der rasch entgleitet —
„Nieder!" drängt aufs neu Twarbowski.
„Unten sieh die Stadt gebreitet!"

Tiefer senkt sich jetzt das Fahrzeug;
Wie im Spiegel allerwegen
Durch den Nebel sieht Twarbowski
Das Getrieb der Stadt sich regen.

Sieht die Säle voller Menschen,
Hell erleuchtet die Gemächer,
Sieht die Schenke, drin vereinsamt
Sitzt beim Glas ein stummer Zecher.

Sieht, wie Spieler Haufen Goldes
Flugs mit einem Satz erwerben,
Und wie in der Armut Hütte
Kinder elend Hungers sterben.

Sieht entblößt auf reichen Decken
Keck sich brüsten die Gemeinheit.
Sieht das Mädchen, das verzweifelnd
Ringt um seiner Ehre Reinheit.

Doch was hat dem luftigen Segler
Mit einmal den Flug verschlagen?
„Was bedeutet, Herr, der Seufzer?
Darf man nach dem Grunde fragen?" —

„Weiter, weiter, eilig weiter!"
Schrie Twardowski, „was ich eben
Sehen mußte, machte selbst mich
In der tiefsten Hölle beben.

„Schau doch dort, die arme Hütte,
Die erst jetzt dem Blick erschienen:
Kinder knien darin, die Mutter
Spricht das Nachtgebet mit ihnen.

„Siehst du nicht die Frohgesichter?
Hörst der Kinderstimmen Klingen?
Mutter! einst so fromm zur Ruhe
Pflegtest du auch mich zu bringen!

„Fort, Satanas! Fort!" — „Es geht nicht!
Etwas hemmt uns aufzusteigen —
Was nur immerfort den Mantel
Zwingt, zur Hütte sich zu neigen?" —

„Fort, Satanas, fort in Eile!
Meinem Herzen schlägt es Wunden!" —
„Was nur ist's, es sinkt der Mantel?
Ei, sieh da! es ist gefunden.

„So ein Ding! Nicht viel mehr fehlte,
Und es wär' uns schlimm ergangen:
Herr, du weintest, deine Thräne
Blieb am Saum des Mantels hangen.

„Unb es lasten solche Thränen . . .
Diese zog uns mächtig nieber.
Schon blies ich sie weg, da fliegt sie! . . .
Weiter durchs Gewölk geht's wieber."

Faust in Prag.

In der alten Schmerhoffchenke
Giebt's heut Lärm und Mummerei,
Doktor Faust aus Wittenberg hält
Die Stubenten alle frei.
Wandernb, wallend ohn' Ermüben,
Auf bem Wege nach bem Süben
Hält er kurze Rast in Prag.
Im Kolleg am Morgen weichen
Mußten Meister flugs ben Streichen
Seiner Logik Schlag auf Schlag.

Auf ben Abenb bann zum Schmerhof
Lub er bas Kolleg zu Gast,
Was an Wein und Met vertilgt warb,
Macht ben Schenken wirblig fast.
Faust, in ber Stubenten Kreise,
Sprach, ber Wissenschaft zum Preise,
Trank ihr Blühen und Gebeihn,
Manchem Baccalauren sprangen
Drob die Thränen von ben Wangen
Nieber in ben klaren Wein.

„Traun, ein Weib, bas unersättlich,
Ist und bleibt die Wissenschaft,
Weih dich ihr, sie löst kein Rätsel,
Aber saugt an Hirn und Kraft.
Alchymie, Magie — die beiden
Lassen bich nicht trostlos scheiben,

Das sind Mägdlein, keck und klug,
Lassen volle Becher blitzen,
Machen Gold und dem Novizen
Winkt schon weißer Hüften Bug.

Wer sich ihnen weiht, ist immer
In den besten Stand versetzt, —
Ihrer Meister, geb' zum Besten,
Freunde, ich ein Pröbchen jetzt.
Aber Spaß müßt ihr verstehen!
Glaubt nicht, an den Kragen gehen
Würd' es eurer Seele schon —
Alles ist auf Witz gegründet,
Auf die Rede, wohlgeründet,
Und das Spiel der Konklusion!"

Wie im Auerbachschen Keller
Führt er nun die Stückchen vor:
Die Kredenz des Schenken hob sich
Als ein Dromedar empor,
Schwerter flogen ganz alleine,
Aus dem Tische sprangen Weine
Stark wie auf des Küfers Hub,
Unter Klängen mächtig brausend,
Flogen durch die Stube sausend
Lilita und Belzebub.

Stühle schritten mit Gesichtern
Auf und ab und dickem Bauch,
Kannen stiegen selber aufwärts
Auf den Sims, der schwarz von Rauch,
Flugs dreihundert Katzen fuhren
Durch die Fenster, keine Spuren
Trug davon der Scheiben Glas,
Und dem Wirt, der kam zu schauen,
Rasch am Kopf ein Paar von grauen
Langen Eselsohren saß.

Zwölfe schlugs. Es schwieg das Lärmen,
Zu der Runde, bänglich still,
Sprach nun Fauſt: „Nun ſchaut, da jetzo
Ich mein Höchſtes leiſten will.
Will die Menſchenſeel' euch zeigen,
Rein und echt ſeht auf ſie ſteigen,
Nehmt im Nebelduft ſie wahr, —
Kein Betrug, der euch erboße —
Noſtrabam, Albert der Große
Sah ſie ſo und Abälard.

An der Wand nun gegenüber
Spannt er eine Leinwand aus,
Zeichnet Ringe ohne Ende,
Drudenfüße, wirr und kraus,
Zieht dann leiſe magiſche Kreiſe
Und ruft laut in Donnerweiſe:
„Auf entſteigt des Grabes Schlund!
Ob ihr Nimrod, ob ihr Abel,
Ob euch Rom gezeugt, ob Babel,
Ob ihr Drache, Leu, ob Hund!“

Alexander vor den Blicken
Herrlich als der erſte kam.
Ajax und der wilde Hektor
Und Andromache voll Gram.
Und zuletzt die Leinwand füllend,
Helena, in Glanz enthüllend
Ihren ewig ſchönen Leib,
Ebenſo, wie die ergrauten
Männer Trojas einſtens ſchauten
Das berückend holde Weib.

Und die Schar olympiſcher Götter
Zeigt ſich auf der Leinwand hier,
Da ruft einer aus der Menge:
„Heimiſche Stoffe wollen wir!“

„Recht so!" tönt es aus dem Haufen,
Laß den alten Tröbel laufen,
Unsre Ahnen laß uns sehn.
Faust läßt sich vom Lärm nicht stören,
Heißt mit mächtigem Beschwören
Neue Seelen auferstehn.

Und Libuscha naht, die Stirne
Schmückt ein Stern in goldner Pracht,
Wenzel, hoch im Schlachtgewühle,
Von der Engel Hut bewacht,
Bretislaw, an Kräften mächtig,
Ottokar, gar stolz und prächtig,
Der verfloßnen Zeiten Glanz,
Vorgebeugt dann Karl der Vierte,
Der sein Heim in Liebe zierte,
Vater er des Vaterlands.

Lauter Beifall! einer rief dann
Wieder: „Laß die Toten ruhn!
Zeig uns andres, König Wenzel
Samt dem Henker zeig uns nun!" —
„Seht ihn hier! und sein Gefährte!"
Lachte Faust, die Runde kehrte
Nach der Ecke schnell sich um,
Wahrlich, er saß da, ein Grauen!
Zuckte nicht mit seinen Brauen,
Sah nur in den Becher stumm.

Drauf ein andrer: „Auf der Leinwand
Zeig uns nun Magister Huß,
Kuttenbergs Dekret erwirkte
Er mit männlichem Entschluß."
Sturm und Schwung! man hebt die Becher
Und Begeistrung füllt die Zecher:

„Heil ihm und er lebe lang!
Er bezwang den römischen Schrecken,
Wußt' in unsrer Brust zu wecken
Unsrer Väter Thatendrang!"

Und schon zeigte auf der Leinwand
Sich das ernste Angesicht
Und der Prediger von Bethlem
Stand da in erhabnem Licht.
Traun, ein Antlitz, glanzumflossen!
Enger rücken die Genossen
Und ein heiliger Schauer kreist,
Jeder fühlt: in dieser Stunde
Trat in ihre frohe Runde
Ein unsterblich hoher Geist.

Aber sieh, rings um die Leinwand
Welcher glühend rote Brand?
Sieh, er wächst und schon umzüngelt
Lobernd er des Stoffes Rand.
„Feuer! Flieht!" Und alle weichen.
Wild erregt macht Faust ein Zeichen,
Und es schwindet Glut und Held.
„Wird uns Höllenspuk bereitet?"
Ernst spricht Faust: „In Flammen schreitet
Jeder Hochgeist durch die Welt!"

Ob der Stumpfen Haß die Flamme
Unter seinem Fuß entfacht,
Ob sie schlägt aus seinem Herzen,
Gleich gilt's — bricht sie nur die Nacht.
Denn der Genius wird geboren,
Daß in Zeiten, nachtverloren,
Er die Fackel schleudre frei,
Daß sie lobernd Licht verbreite,
Und er selbst das erstgeweihte
Opfer seiner Flamme sei!

———————

Faustulus.

Der Sohn von Faust und Gretchen kam im Verließ zur Welt,
Der Mutter Pein und Jammer hat ihn zuerst umgellt.

Alt war er einen Monat, als sie gerichtet ward,
Der Kerkermeister nahm sich das Knäblein schwach und zart.

Er nahm's zu sich aus Mitleid! er hat sie wohl gekannt,
War hoffnungslos in Liebe zu Gretchen einst entbrannt.

So zog er auf nach Kräften das Knäblein elternlos,
Und wie die Blum' im Treibhaus, so wuchs es und ward groß.

Es hatte seiner Mutter rehäugig sanften Blick,
Doch auch das Kinn des Vaters, streng trotzend dem Geschick.

Des Vaters kühnes Trachten nach hohem Himmelsflug,
Doch auch der Mutter Weichheit, den trauten Heimatszug.

Des Vaters schlimme Nächte, der Träume wilden Drang,
Der Mutter stille Tage, ertönend von Gesang.

So zog der Kerkermeister es auf, als wär' es sein,
Doch starb er, und der Knabe war wiederum allein.

Nun fiel er der Gemeinde zur Last. Und man fing dann
In der Gemeinde Diensten ihn zu verwenden an.

Bei Hochzeit und Begräbnis gab's viel für ihn zu thun,
Und immer mußt' er eilen und niemals durft er ruhn.

Er war ein stilles Menschlein, war seelengut dabei
Und trug fürs allgemeine getrost die Plackerei.

In seinem Werktagshaften blieb die Musik ihm nur,
Die in die dunkle Seele ihm goß des Lichtes Spur.

Ihr klang die Saite wieder, die schon für tot er hielt,
Ob er zu Haus die Flöte, im Dom die Orgel spielt.

Still blieb er im Geburtsort, gebückt, gealtert ganz,
Nur in den blauen Augen glomm früh'rer Tage Glanz.

Nur manchmal wie ein Sturmwind ergriff ihn heißer Drang
Hinaus! Empor vom Staube! da hört er seltnen Klang.

Der Wälder Brausen hört' er, der Sphären hehr Gedicht,
Und stark ertrug sein Auge der Mittagssonne Licht.

In solchen Augenblicken da griff er mit der Hand
Nur in die Luft, das Fühlen, das seltsame, verschwand.

Die Stirn bekreuzt' er leise und sprach ein still Gebet,
Und Klänge und Gestalten, sie waren weggeweht. — —

Doch einmal in dem Dome, da griff's ihm an die Brust.
Er spielte grad die Orgel, und Sonntag war es just.

Der Ostersonntag war es, von Traum und Klang erfüllt,
Der Tag, an dem der Erdgeist dem Vater sich enthüllt.

Und nach dem Sanktus war es, als Wunder er geschaut,
Das Auge leuchtend, weckt' er der Orgel Donnerlaut.

Wie Regentropfen klang es zuerst mit leisem Schall,
Dann wuchs und wuchs das Klingen zum Riesenwasserfal

Des Domes Wölbung hallte vom Tönekatarakt,
Das Volk verlor den Atem, der Kantor drob den Takt.

Der Pfarrer wandte aufwärts zum Chor sich schreckensvol
Woher der Sturm der Töne gewaltig niederscholl.

Er aber spielte weiter, und aus der Orgel kam
Gebet und wildes Fluchen, und Übermut und Gram.

Das war der Stämme Ächzen, die tief der Sturmwind bieg
Das Lied geschwätz'ger Ähren, die sanft das Lüftchen wieg

Des Meeres wildes Singen, der Wasser stark Gebraus,
Der Hörner Jagdfanfaren, erjubelnd laut hinaus.

Dann Ton von Engelsharfen, wie er im Traum erklingt,
Der Gruß, den fromm am Bitttag der Mund der Kinder singt.

Und Lärm und Tanz, das Schmettern der Gläser beim Gelag,
Und in des Pan Gelächter Centaurenhufeschlag.

Dann Psalmenton der Mönche und Abendglockenklang,
Der Aufschrei von Millionen, der Sphären Schauerklang.

Jetzt, als ob tausend Schlangen zur Decke kröchen, brach
Durch all den Klang ein Zischen und hallte schrecklich nach.

Den Dom durchflog ein Schatten, ein grell zerriss'ner Ton,
Und tot lag an der Orgel Faustulus, Faustens Sohn.

Amarus.

Von Jugend auf im Kloster, wußt' er nicht,
Wie er hineingelangt. Weil er ein Kind
Der Sünde war, darum hieß er Amarus.
Groß war er, bleich und immer in Gedanken,
Den Blick gesenkt, als ob ein Unbekanntes
Er unten suchte. Einst sprach er zu Gott,
Als in die Zelle drang des Mondes Silber:
„Für alle Leiden und für all Entsagen,
Für mein verlornes Leben bitte ich
Um eine Gnade, sprich, wann werd' ich sterben?"
Kaum hatt' er's ausgedacht, erschien ein Engel
Und flüsterte ihm zu: „Du stirbst die Nacht,
In welcher du vergißt, mit Öl zu füllen
Die Lampe dort vor dem Altar." — Und Tage
Und Jahre flohn. Amarus lebte traurig
Und stille fort, und wenn des Öls er zugoß,
So sprach er: „Ich entzünde meine Seele,"
Und lächelte gar trüb. Im Frühling einst
Kam wieder er, die Lampe anzufüllen.

Der Dom war dunkel, nur im Betstuhl sah
Er unter der Madonna Bildnis knien
Zwei Liebende. Er hielt den Atem an.
Als ihr Gebet zu Ende, folgt' er ihnen
Rasch auf den Zehn, seltsame Sehnsucht trieb ihn.
Nun stand er auf dem Klosterkirchhof. Flieder
Erfüllte rings die Luft, berauschend stieg
Der Duft ihm in den Kopf, im Busche sang
Ein Vogel und zwei Schmetterlinge flogen
Behend um ihn, als wären Apfelblüten
Lebendig worden — und er ging und ging.
Auf einem Grab, das, schon dem Rasen gleich,
Verschwand im Wald des blühenden Hollunders,
Da setzten nieder sich die beiden: er,
Das Haupt auf ihrem Busen; in ihr Haar,
Das schwarze Haar, warf reichbethaute Blüten
Der Flieder, und der Vogel sang und tändelnd
Nahm Platz ein Falterpaar auf ihren Locken.
Und seiner Mutter dachte jetzt Amarus,
Die er nicht kannte, der er danken sollte
Für dieses bittre Sein — es sang der Vogel,
Der Flieder duftete, der Thau erblitzte:
Heut nährte seine Lampe nicht Amarus,
Er stand und stand und immer sang der Vogel.

Am nächsten Tage, als zur Hora gingen
Des Klosters Brüder, fanden sie erloschen
Das ewige Licht. Amarus nicht·zu finden.
Dort auf des Kirchhofs lang verfallnem Grab
Lag tot er, auf dem Grabe seiner Mutter,
Das Angesicht gewandt zum duftigen Flieder,
Und über ihm sang immerfort der Vogel.

Legende von der Mäßigkeit.

Als nach dem Mahle in der kühlen Zelle
Schlief Bruder Zeno, schlich ein Gnom herbei;
Durchs Fenster kam des Waldes Melodei
Und mächtig zog herein des Duftes Welle.

Und sorgsam, daß nicht wach der Bruder werde,
Schlich er zum Tisch, ergriff darauf den Krug,
That rasch entschlossen einen tiefen Zug
Und schlich davon mit fröhlicher Gebärde.

Da Zeno wach ward, griff zum Krug er munter,
Und staunte, daß sein Blick kein Tröpfchen traf,
Er schüttelte den Kopf, wie noch im Schlaf —
Er wußte doch, so weit trank er herunter.

Der Schlaue, um das Rätsel klar zu machen,
Lag bald wie schlafend an demselben Ort:
Der Gnom erschien und trank, der Mönch sofort
Ergriff ihn, zauste ihn mit lautem Lachen.

„Du Thunichtgut!　Du Fratze voller Tücke!" —
„Halt," flüstert drauf gleich einem dürren Blatt
Der arme Gnom, „du bist vom Trunke satt,
So gönne mir ein Tröpflein auch vom Glücke.

Glaub, daß ich es mit Zinsen heim dir zahle."
„Das wäre!" sprach der Mönch und gab ihn frei.
Und seit der Stunde tranken alle zwei
Gemeinsam aus dem nämlichen Pokale.

Die Jahre gingen, und die Brüder starben,
Nur Zeno fühlt' die Last der Jahre nicht,
Zufrieden war und heiter sein Gesicht
Und seine Laune immer rosenfarben.

Und hundert ward er alt und das Versprechen
Des Gnoms begriff er, wie er's kaum gehofft,
Und als er Abt geworden, pflegt' er oft
Dem Freund ein neues Fäßchen anzustechen.

Und dacht' er seiner Brüder, die geschieden,
So sprach er: „Solch ein Gnom that jedem not;
Trank er für euch, vielleicht wär't ihr nicht tot
Und sänget noch des Schöpfers Lob hinieden.

„Ich fürchte Schlagfluß nicht und Rheumatismen,
Mein Herz, mein Antlitz widersteht der Zeit —
Trink weiter, Gnom! Mehr kann die Mäßigkeit
Als Weihewedel und als Exorcismen.

Sonnenuntergang.

Jarl Ivo zahlte nicht den Zins vom Meer.
Und schlimmer noch, nie kam als Lehnsmann er
Zu Königs Hof, obgleich im fünften Jahr
Schon Kanut trug den goldnen Reif im Haar.
Der König sandte Boten; was das Beste
Im Walde, bot der Jarl zum Willkommfeste,
Und frischen Trunk in seinem Saal von Stein.
Doch wollten sie den Zins, so sprach er Nein!
Und sandt' ein Blatt dem König. Drinnen stand:
„Gott, der durchs Meer die Welten all verband,
Gab uns, den Menschen, Grund und Boden preis,
Die Luft dem Geier und dem Bären Eis.
Wohin dein Fuß tritt, alles ist dein Gut,
Nur nicht das Meer! Denn Gottes ist die Flut,
Und steht dem Bettler, wie dem König offen —
All denen, die's durchziehn mit kühnem Hoffen,
All denen, die hinein die Netze senken,
All denen die dran sinnen, träumen, denken.

Die nahten jetzt; mit jeder Spitze schlich
Ein Mann herbei und stellte leise sich
Dem Jarl zur Seite, dann mit einem Mal
Stieß jeder ihm ins Aug' den spitzen Stahl —
Ein Aufschrei wie vom Ur, dann ewige Nacht!
„O König", rief er, „du haft's schlecht gemacht!
Du glaubst, das Dunkel würde mehr mich schrecken,
Und größres Weh in meiner Armut wecken,
Und daß ich blind bin, schüfe mehr mir Leid,
Weil ich zuletzt der Sonne Herrlichkeit
Und Land und Meer gesehn in goldnem Licht!
Du irrst, mein König! Denn mein Auge nicht,
Mein Geist hat all gesehn und aufgenommen
Und ewig glüht's, wenn auch mein Blick verglommen
In meinem Innern draus es niemand reißt.
Ja selbst dem Tode trotzt noch dieser Geist,
Er, gleich dem Meer, das sich nicht fesseln läßt!"

Und in den Turm schritt Ivo stark und fest.

Moses Schatten.

Vom Sinai schritt er mit der Tafeln Paar,
Sein Auge hell, von Licht umblitzt sein Haar,
Ein Gott, Gigant schien er den Schritt zu heben.
Das Volk, im Staube kniend, sah mit Beben
Empor zu seinem hehren Angesicht.
„Er sprach mit Jahve, trank das ewige Licht,
Und brach mit Engeln Brot, der Heilige, Hohe.
Nun bringt er das Gesetz uns. Seht die Lohe,
Die dreigestalt ihm auf dem Haupte glänzt,
Und wie die Wolke seine Stirn umkränzt.
Wie süß ist, ihm gehorchen, ihm gefallen!
Er ist der Führer, ist der Vater allen!"
Sie neigten sich, von Ehrfurcht tief gebannt.

Doch drüben, wo die schwarze Wolke stand,
Hielt auch ein Teil von Israel, zu schauen.
Die sahen auf zur Felsenhöh' mit Grauen.
Sie sahen, hinter des Propheten Schritt
Zog Fuß an Fuß ein Riesenschatten mit,
Den Stierhuf hob er grauenhaft im Schreiten,
Und Hörner ragten an der Stirne Seiten,
Und einen schweren Felsblock trug er nieder.
„Der Satan, seht", ging's durch des Volkes Glieder
„Folgt Moses nach, der mich von Gottes Wegen;
Den Block wird er auf unsern Nacken legen,
Daß er uns weh! zermalme und erdrücke!" —

So oft im Volke später Haß und Tücke
Und Aufruhr gor, ist es durch die geschehen,
Die Satan schreiten von dem Berg gesehen.

Milon von Kroton.

„Gruß, Erde, dir, der Mensch und Tier entsprossen!
Der Sonnengott steigt nieder mit den Rossen
Von Ost zum West zu dir in Liebessehnen,
Zu küssen Perlen Thaues, deine Thränen.
Wenn, Mutter, deinen Grund Kentauren schlagen,
Der Sturm darüber fährt in wildem Jagen,
Erwiderst du mit den erhabnen Chören
Von deinen Buchen, Ulmen, Eichen, Föhren,
Und für Zeus' Donnerschlag, der laut gefallen,
Schickst du empor das Lied der Nachtigallen!
Gruß, Erde, dir, der Löwen Nährerin!
Fliegst über Thymiane du dahin,
Gieb, Biene, ihr, gieb, Amsel, ihr den Gruß,
Du Nymphe, badend in dem Thau den Fuß.
Du Schnee von Edom, der oft niedersaust,
Darüber beutewild der Geier haust,

Sein Scepter schwingt geheimnisvolles Grauen —
Von Herzen seid gegrüßt, ihr Heimatsauen!"

So dachte Milon froh, und aus dem Haus
Ging er zum grünen Waldesrand hinaus
Und nahm das Beil, das wohlgeschärfte, mit.
Den Hain durch, über Felsen ging sein Schritt,
Bis er hinabgelangt zum ebnen Land,
Das breit sich streckt gleich einer braunen Hand.
Da pflegten stets die Löwen herzukommen
Mit mächtigem Gebrüll, sobald entglommen
Am Firmament des Mondes bleiches Licht.
Im Sand sah er die Stapfen, tief und dicht.
Hier wollt' er stellen seine Löwenfalle.
Er wählt die Eiche aus, mit starkem Schalle
Fällt dann sein Beil, daß rings die Erde bebt.
Dann trifft er noch einmal, und wieder hebt
Er auf das Beil. Dann bückt er sich zur Wunde,
Die ihren Harzduft sendet in die Runde.
Wie er den Arm nun einpreßt in den Spalt,
Den Baum entzweizureißen mit Gewalt,
Da schließt der Stamm sich plötzlich, und wie Zangen
Hält er den Arm von Milon fest gefangen.
Vergeblich sucht sich Milon loszuringen.
Es hält der Stamm ihn mit gewaltigen Zwingen,
Und keine Hoffnung, daß er hier sich rette;
Blau wird der Arm von seinem engen Bette.
Er reißt und reißt und braucht die ganze Kraft,
Der Baumstamm läßt ihn nicht aus seiner Haft,
Er sinkt aufs Knie ohnmächtig in das Moos
Und klagt der Erde sein entsetzlich Los.
Die Sonne brennt hernieder lavaheiß,
Das Gras wird unter seinen Lippen weiß,
Rings alles stille, und allein den schrillen
Gesang ertönen lassen weit die Grillen.

So harrt er knieend halb, halb liegend hier
Und seufzt und keucht und heult gleich einem Tier,
Und flucht in Ohnmacht und in wilder Qual —
Und schon sinkt Dämmrung nieder in das Thal.
Die Sonn' erlischt, rings webt das heilige Schweigen.
Des Mondes Licht beginnt emporzusteigen,
Die Zeit, da zu den Quellen ziehn die Leuen.
Von fern vernimmt ihr Heulen Milon dräuen
Und fühlt schon, der Verzweiflung hingegeben,
Die Erde unter ihren Schritten beben.

Da rafft er sich noch auf mit aller Macht
Und ruft die Klage in des Waldes Nacht:

„O Luft, o Erde! Nacht, und ihr, o Götter!
Was bin ich, ach? Ein Spielzeug für euch Spötter!
Die Ziegen, die verirrt von ihrem Stalle,
Sind glücklicher; frei sind die Glieder alle,
Sie können fliehen, wenn die Luft erfüllen
Der Wölfe Bellen und der Löwen Brüllen —
Ich bin ein Sklav; so schlau zu Werk gegangen,
Hab' ich mich, Nacht, in deinem Netz verfangen.
Was nützt die Stärke mir, der Muskeln Kraft,
Der Sehnen Stahl, die Brust, so felsenhaft?
Mich hält der Stamm, und frei werd' ich nicht wieder
Der Adler in der Höh' hat sein Gefieder,
Im Staub der Vielfuß seine flinken Beine;
Die Hilfe sind sie ihm, hat er sonst keine.
Der Vogel Schwingen, Flügel die Libelle,
Die Wolke jagt dahin, flink eilt die Welle —
Nur ich bin hier gefesselt und gekettet,
Und keine Hoffnung, daß mich jemand rettet!
Was ist mir Pein? Was mir die Hand, die lahm?
Was mehr mich schmerzt, mich übergießt mit Scham,
Daß jetzt die Leu'n, die ich so leicht gebunden,
Die meine Hand so mächtig überwunden,

So leichten Kaufs zu meiner Schande kommen,
Sich auf mich stürzen bald, von Gier entglommen
Und jubelnd heulen — o das schmerzt mich mehr,
Als daß der Morgen mir nicht wiederkehr'!"

Er schwieg im Schmerz, sein Haupt sank auf die Brust.
Und schon durchbricht mit Macht des Dickichts Wust
Der Löwen Zug und brüllt, dem Donner gleich.
Im Thale wittern sie die Beute gleich
Und nahen, auf ihr Opfer loszugehen.
Doch als sie den gewalt'gen Milon sehen,
Wie er gefangen stirbt in grimmer Pein,
Erschrecken sie und halten plötzlich ein
Und schleichen stumm — es faßt sie grauenhaft —
Zurück zum Wald vor der gebrochnen Kraft.

Die erste Rose.

Alt war Rabbi Löw schon hundert Jahr,
Siech am Leibe, doch am Geiste klar.
Las in seinen Büchern Tag' und Nächte
Und beherrschte selbst die Zaubermächte.

Was der Baum gerauscht, war ihm vertraut,
Ihm verständlich war der Tiere Laut;
Von der Pflanzen Heilkraft hatt' er Kunde,
Von der Sterne Weg am Himmelsrunde.

In der Welt geheimstes Wirken trug
Ihn Gefühl und des Gedankens Flug.
Zweimal kam der Tod — doch der Geweihte
Überwand ihn beidemal im Streite.

Unabweisbar kam er wieder bald
Eingehüllt in wechselnde Gestalt,
Kam in Himmelsglanz, in Höllengrauen,
Doch um immer sich besiegt zu schauen.

Wieder kam ein Jahr mit Duft und Licht,
Das wievielte, weiß der Rabbi nicht,
Nachts bei ernster Arbeit ohne Wanken,
Und schon früh verloren in Gedanken.

Sieh, da kommt die liebe Enkelin
Wie ein Reh herein mit frommem Sinn,
Streichelt mit den Händchen leicht und leise
Die gefurchte Stirn, das Kinn dem Greise.

„Sieh, die erste Rose bring ich dir,
Die erblüht in holder Frühlingszier.
Allen hat voran die weiße Rose
Auferweckt des Lenzes sanft Gekose." —

„Was, die schöne Blume schon erstand?"
Und er greift nach ihr mit schwacher Hand.
„Rose ... Rose ..." und sein Haupt sinkt nieder,
Und er träumt von süßer Jugend wieder.

„Gieb! Vielleicht wird wahr mein Sehnen, Kind
Und er drückt sie an die Lippen lind,
Seine Seele fühlt er übergehen,
Merkt zu spät, daß der Verrat geschehen.

Schwerer wird sein Haupt, er hebt es nicht,
Bleich die Wange, trüb der Augen Licht,
Kann die Hand kaum auf das Kind noch legen
Sterbend flüstern seinen letzten Segen.

Ins Gemach bricht jetzt der Sonnenschein,
Nach dem Rabbi suchend bringt er ein,
Seine Seel' entflog dem Erdenlose,
Seine Hand hält eine welke Rose.

Der blutige Egil.

„Dein Sohn leb' stolz und hochgemut,
Nur trink' er niemals Menschenblut!"

So klang der Hexe Warnungslaut,
Als Egil Gottes Licht erschaut.

Da dies dem König ward gebracht,
Schlug auf den Tisch er voller Macht.

Und lachte, trank und jauchzte so:
„Nun, Kind der Ragnars, lebe froh!

„Nun schließ' die Augen ich in Ruh
Und schreit' getrost den Toten zu!

„Wein giebt's und Gerste übervoll,
Daß er kein Blut mir trinken soll!"

Jung Egil wuchs nun Jahr um Jahr
Zu Stolz und Lust dem Elternpaar.

Der König, der ihm hold erschien,
Belehnte mit neun Höfen ihn,
Daß er als Lehensmann ihm dien'.

Und Egil schützte seinen Grund,
War jung und fröhlich und gesund.

Zuzeiten mit den Mannen keck
Nahm manch' beladnes Boot er weg.

Und was im Sommer sie gefaßt,
Geld, Wein und Korn, in Winters Rast
Ward es in Schmaus und Trunk verpraßt.

Bald zog mit achtzehn Boten er
Gefürchtet auf das weite Meer.

Aufs Meer, das weit und grenzenlos
Aufnimmt den Mond in seinen Schoß,

Dem Sternenheer den Spiegel beut,
Der schlafenden Sonne Kraft erneut.

Und lustig fuhren sie hinaus
Und kannten Schrecken nicht und Graus.

Und Egil: Seht, der Mastbaum ragt!
Vorwärts, ihr Jungen, frisch gewagt,
Aufs Wendenpack zu froher Jagd!

Und schon deckt', eh' er enden konnt',
Die Flotte dort den Horizont.

Und wie ein Bild dehnt sie sich breit
Und naht mit des Pfeiles Schnelligkeit.

Die Flaggen zählt Egil allzumal
Und findet, fünfzig sind's an Zahl,

Und kaum erblickt, sind fliegend schier
Auch schon die Wendenschiffe hier,
Schon lodert Egils Kampfbegier.

Seebären sind es, der aus Jom,
Sie bieten eisernen Willkomm.

Und Axte schmettern donnergleich
Und mächtig schallt der Haken Streich.

Wie Hagelschlag herniedersaust,
Erdröhnt das Schwert in Männerfaust,
Am lautesten, wo Egil haust.

Ein wilder Vogel jeder Kahn,
Die Beute faßt sein scharfer Zahn,
Der Gischt spritzt zischend himmelan.

Ein Angriff voller Kraft und Wut,
In ihren Tiefen stöhnt die Flut.

Geschrei und Ächzen — trüber weg
Tönt Axthieb wie Lachen keck,
Ein Schiff, getroffen schwer, wird leck.

Ein zweites, wie, vom Pfeil durchzischt,
Ein Vogel sinkt, schwankt tief und mischt
Blutrote Streifen in den Gischt.

Die Flügel schlaff, schwankt's hin und her,
Dann trinkt es sich an Wasser schwer
Und sinkt hinunter in das Meer.

Und Blut, wohin der Blick gewandt,
Im Mittag bald die Sonne stand.

Und Egil ficht, ein König hehr,
Die Sonne oben, unten er.

Den schweren Panzer wirft er hin,
Er stand so wie in Flammen drin.

Und wirft den Helm ab, daß er frei
Und ungehemmt im Streite sei.

Und ficht, bis um die Mittagsstund'
Versinkt das letzte Schiff in Grund.

Von Seinen, die fünfhundert sind,
Nur fünfen Blut aus Wunden rinnt. —

Und Egil seinem Knappen rief:
„Ei solch ein Strauß erquickt mich tief.

„Mein Volk ist voller Glut und Schwung;
Doch hab' ich Durst, schaff' einen Trunk!"

Der Knappe lief, kam bald hernach,
Die Stimme bebt' ihm, als er sprach:

„Herr! Schlimm! Nicht schlimmer kann es sein!
Kein Faß blieb ganz von unserm Wein.

„Und auf dem Deck mit Schaudern ruht
Der Blick; nur Blut fließt da und Blut!" —

„So gieb mir Blut zu trinken Knab',
Daß ich den Tod vom Durst nicht hab'!"

Den Helm hob Egil vom Boden auf —
Der Bursche ging und kam im Lauf.

Und Wein mit Blut im Helme bot
Der Knapp' und sank dann nieder tot.

Und Egil faßte den Eisenkrug,
Und trank ihn aus in einem Zug,
Dann wieder in den Kampf im Flug.

Und weiter an des Sieges Ziel!
Der reichen Beute ward ihm viel.

Der König hört's — mit düstrem Sinn
Fuhr er sogleich nach Bornholm hin.

Er frug: „Ist's wahr, unglaublich fast,
Daß du vom Blut getrunken hast?" —

„Ja, König, wahr ist's! Drauf mein Schwur,
Es ist so, wie dein Ohr erfuhr —
Doch glaub', ich that's in Nöten nur." —

„So ruf den Beichtiger herbei,
Daß Gott der Herr dir gnädig sei!" —

„Das thu ich, König, ja, ich schick'
Sogleich um ihn." Und senkte den Blick.

Doch kaum war Knut nach Haus gereist,
Sprach Egil gleich mit trotzigem Geist:

„Was gilt mir Gott und Königs Zank!
Das Blut brennt in mir, das ich trank.

„Nun dürste ich nach neuem Blut,
Genossen, auf, ich führ' euch gut!"

Den ganzen Sommer kreuz und quer
Streift Egils Flotte übers Meer.

Und raubt, was ihr begegnen mag,
Doch Egils Durst wächst Tag um Tag.

Wenn aus der Kampf, loht seine Wut
Und trinken will er Menschenblut.

Aus Helmen nicht, aus Bechern schon
Schlürft Menschenblut der Ragnars Sohn.

Und beim Gelag im Winterfrost
Ist Blut der gierigen Lippen Kost.

Der König hört's und auf der Stell'
Fährt er nach Bornholm windesschnell. —

Und um Weihnachten war es grad,
In Schnee versunken jeder Pfad.

Der Himmel stand in Wolken graus,
Als Knut trat in des Egil Haus.

„Du weißt nicht, Egil, wie's mich kränkt,
Daß du mit Blute dich getränkt.

„Es ist noch Zeit zur Buße dein,
Vollzieh sie, mach' die Seele rein,
Ich will dir wieder gnädig sein."

Wie vorher sagte Egil zu,
Vergaß es wiederum im Nu. —

Den ganzen Sommer kreuz und quer
Streift Egils Flotte übers Meer.

Und wieder war Weihnachten da
Als Egil bei sich den König sah.

„Du weißt nicht, Egil, wie's mich kränkt,
Doch jetzt, vernimm, wirst du gehenkt
Um Frevel, der nach Sühne drängt."

Und Egil: „Was dein Groll und Zank!
Mich brennt das Blut nur, das ich trank.

„Und häng' mich auf, es ist so gut,
Darf ich nicht trinken Menschenblut."

Und Egil spricht's und düster leert
Das Glas er, drinnen Blut ihm gärt.

Drauf Knut: „Ein Schiff zog von mir fort,
Es trug die Königin an Bord.

„Mit Purpursegeln, Seidentaun,
Wo, blutiger Egil, ist's zu schaun?" —

„Es sank und sah nicht mehr das Licht,
Ich wollte Blut — mehr weiß ich nicht."

Drauf Knut: „Ich sandte einen Kahn,
Hellklingend zog er seine Bahn.

„Und Deck und Mast von Blumen voll,
In Bechern Wein wie Feuer schwoll.

„Und lauter Gold und heller Schein —
Sprich, schlug vielleicht der Blitz hinein?

„Für meinen Sohn bracht' er die Braut —
Wer trug das Licht, dem er vertraut?

Und Egil schwieg und sagte dann:
„Ja, meine Fackel zog voran.

Dein Kahn — der Meerschlamm deckt ihn dicht —
Ich wollte Blut, mehr weiß ich nicht."

Und Knut: „Du weißt nicht, wie's mich kränkt,
Doch, Egil, jetzt wirst du gehenkt.

„Der Galgen steht im Hof bereit,
Wie du gelebt, stirb ohne Leid!"

Und Egil sprach: „Ja, recht hast du,
Nur so wird meinem Durste Ruh,
Wir brauchen kein Geleit dazu."

Sie gingen. Auf der Schwelle tritt
Entgegen ihnen ein zager Schritt.

Elina war's, die kam herein,
Des Egil lieblich Töchterlein.

Sie zählte kaum noch sieben Jahr,
Ihr Antlitz wie die Blüte war.

Die Haare spielten hell in Gold
Und jede Seele ward ihr hold.

Des Königs Hand ergriff sie bang
Und sprach, es war wie Harfenklang:

„Der Weihnachtsabend bricht herein —
Und soll ich ohne Vater sein?"

So weich erklang der Stimme Ton,
Der König ward bewegt davon.

Er sprach: „Ich tilg' die alte Schuld,
Vergeb', wie Gott vergiebt in Huld!"

So sprach er laut, doch fügt' er bei
Zu Egil flüsternd: „Nun, es sei!

„Dem Kind zu lieb, doch nach dem Fest
Das Urteil sich nicht hemmen läßt."

Und Egil: „Dank, mein König, dir!
Und nach dem Fest, ich schwör es hier,
Vollzieh den Spruch ich selbst an mir!"

Und Weihnacht war auf Bornholm, weiß
Lag rings der Schnee in weitem Kreis.

Und Schnee ringsum, als wären heut
Auf Erden Lilien verstreut.

Und durch den Winternebel fromm
Des Hofes Weihnachtschimmer glomm.

Den Baum hat Egil selbst geschmückt,
Vom Lachen seines Kinds beglückt.

Und eine Woche floh gar schnell,
Das neue Jahr stand an der Schwell'.

„Das zählt zur Weihnacht, wenn man's nimmt
Sprach Egil dumpf und trüb gestimmt.

Die zweite Woche war geflohn,
Da waren die drei Könige schon.

Und Egil um den Mittag sagt:
„Die letzte Frist, Gott sei's geklagt —
Früh morgen denn, bevor es tagt!"

Auf stand er, küßte eilig nur
Das Kind und that nach seinem Schwur.

Der Wind spielt' mit den Locken sein,
Die Sonne kam in Purpurschein —
Und Knut ritt zum Hof herein.

Berenike.

Ein neuer Stern erstrahlt im Himmelsreigen
Und sendet goldnes Licht von seinem Glast,
Musik erschallt! Und wieder kehrt zur Rast
Der König heut' mit frischen Lorbeerzweigen.

Des Festmahls Lärm verhallt und rings herrscht Schweig
Der Wachen Schritt ertönt nur im Palast,
Und wie der Vogel kehrt zum alten Ast,
Sucht er die Schönheit wieder, die sein eigen.

Er reißt den Schleier weg und bebt zurück.
Und sie steht da, von Schamrot überflogen:
„Siehst du mein Haar dort nicht am Himmel wehen?

„Geopfert hab' ich's deinem Siegerglück!"
Und er: Besiegt wollt' ich hier lieber stehen
Und bergen meinen Fall in seinen Wogen.

Arabisches Motiv.

Wund wurde Sachar aus dem Kampf getragen,
Nun lag im Fieber er manch schwere Stunde.
Und kehrt' er links sich, hört' mit schlimmem Munde
Er seine Gattin harte Worte sagen:

„Was steh' ich aus! Nur Weinen, Stöhnen, Klagen!
Wär's schon zu End'!" — Da wandte sich der Wunde.
„O gäbe gnädig Gott, daß er gesunde!"
Klang rechts der Mutter Wort mit bangem Zagen.

Dann ward es still. Und schweres Leid zog flutend
Durch Sachars Sinn: was er gehört, tief innen
Brannt' es noch mehr, als daß sein Haupt getroffen.

Herab riß er die Binde und verblutend
Schrieb mit dem Blut er auf des Zeltes Linnen:
„Wohl ist mir, Mutter, ganz nach deinem Hoffen!"

Gott.

Auch ich hab Gott erkannt. Leicht an Gepäcke,
Kam einst ein Gaukler mit dem Weib gezogen,
Das Kind nahm von der Brust, dran's just gesogen
Sie müde weg und legt's in eine Ecke.

Dann trat zur Thüre sie, auf eine Strecke
Entfernt der Mann — und, Pfeilen gleich vom Bogen,
Aus seiner Hand die blanken Messer flogen,
Und sie stand blutlos auf demselben Flecke.

Die Messer sausten um das Haupt, die Brüste,
Doch trafen sie die Thür und nicht daneben:
Er warf, sie stand dort, ohne matt zu scheinen.

Ich sah, daß jeder Fehlwurf töten müßte,
Und bebte, wer dem Weib die Kraft gegeben
Und unterdes beschützt den Schlaf des Kleinen.

Cazottes Prophezeiung.

Bei Fräulein von Lamballe welch reich Geschmeide!
Zur Ballspielhalle eilt man nach dem Tanze;
Von Kopf an Kopf erfüllt der Raum, der ganze,
An Lipp' und Nacken süße Augenweide.

Und über die Perücken und die Seide
Steigt hoch der Ball, das Auge strahlt vom Glanze
Im Kreis der Männer, in der Damen Kranze,
Und Worte fliegen spitz, von scharfer Schneide.

Beiseite steht Cazotte, stumm in dem Lärmen,
Und sieht die Bälle jagen ohne Pause,
Und seine Wangen bleichen Gram und Härmen.

„Herr Denker, ei gefällt euch, wie uns allen,
Das Spiel der Bälle?" scherzt die Frau vom Hause. —
„Nicht das, Madame, ich sehe Köpfe fallen."

Das Neujahrsgebet.
Legende.

Rabbi Ammon kam zu Gaste oft zu Mainz' erlauchtem
                                          Herrn,
Saß mit ihm beim Schachspiel häufig, doch bei Trank und
                                          Speis nicht gern:
Immer fand er eine Ausflucht, eilte in sein stilles Haus
Einmal nun hat er's vergessen und viel Unheil wuchs ihm
                                          draus.

uf dem Grund des Bechers schlummert Satan seit der Welt
Beginn,
Zeugt den Stamm des festen Willens und macht schlaff
granitnen Sinn,
Hüllt in Schleier die Erwägung und das Urteil in sein Netz,
Läßt den seichten Thoren glauben, Weisheit wäre sein
Geschwätz.

Einst nun sprach der Kurfürst: „Rabbi, der Gelehrten
Perle du,
Nein und dein Gott weiß, ich ziehe gern dich meinen
Gästen zu,
Eins ist schade nur, dein Glaube ist die Schranke unheilvoll,
Hindert, daß nicht, wie ich wollte, ich dich Bruder nennen soll.

Zwischen deinem Gott und meinem ist der Unterschied nicht
groß,
Drum erwäge meinen Ratschlag, dir in Güte sag' ich's bloß;
Sag dich los von deinem Gotte, mir zu lieb — und den Pokal
ob er hoch, — du willst nicht? Sei's drum! Überleg dir's
nur einmal;

Bist du in der That ein Weiser, dann erkennst du bald genug,
Wo das Licht und wo das Dunkel, wo die Wahrheit, wo
der Lug!"
Amnon griff nur still zum Becher, sprach mit tiefer Bangigkeit:
Herr, ich will es überlegen, gieb mir nur drei Tage Zeit!"

, drei trübe Tage waren's und die Nächte bang und schwer,
Schlaflos warf auf seinem Lager sich der Rabbi hin und her,
Gieb dem Teufel einen Finger und die Hand hat er erfaßt —
Und wie aufgescheuchte Rehe fliehn die Stunden hin in Hast.

Vor sich klaffen einen Abgrund sah der Rabbi tief und weit,
Drüben thronte ernst Jehovah mit der Engel Herrlichkeit:
Jahve zürnend, und die Engel stießen mit bewehrter Hand
Mit dem gellen Ruf „Verräter" ihn hinunter von der Wand.

Nur ein Schritt, nur überlegen — mehr gefordert war ja kaum,
Noch kann er zurück — vergebens! Dem Verrat schon gab
                    er Raum.
Und er zeigt sich nicht bei Hofe, flieht, bevor genaht der Tag
An dem vierten Tage hört er allwärts Lärm und Trommelschlag

So verkünden läßt der Kurfürst: „Meine Milde ist vorbei
Um ist deine Frist, laß hören, Rabbi, was die Antwort sei
Durch des Herolds Mund dir sag ich: Wer dir Luft und
                    Brot gewährt,
Dessen Gott sollst du gehorchen und nur einer sei geehrt.'

Bald gefesselt vor dem Fürsten stand der Rabbi: „Treff mich Tod
Dir zu dienen, ward ich sündig, frevelte auf dein Gebot.
Den Verrat nur zu bedenken, heißt auch den Verrat schon thun
Ja, ich hab mein Wort gebrochen. Thu sein Werk be-
                    Henker nun.“

„Nicht mein Geist und nicht mein Wille, meine Zunge fehlte hier
Sieh, ich spreche selbst mein Urteil, ausgerissen sei sie mir
Ich bin Jahves treuer Diener, meine Zunge sei verdamm:
Gieb die Zange, an ihr selber übe ich des Henkers Amt.'

Fort schob stumm der Fürst das Schachbrett, dran der Rab:
                    häufig saß,
Übers Antlitz flog der Hohn ihm, wie die Schlange schleic
                    durchs Gras,
„Deine Zunge, sagst du, Rabbi? Nein, die Füße tragen Schul
Denn du kamst nicht nach drei Tagen. Doch du merkst
                    bald, Geduld!

„Auf die Folter mit dem Rabbi! Schwörst du ab den Glauben'
                    — „Nein!“
„Abhaun laß ich dir die Glieder!“ — „Herr, das schafft n
                    keine Pein!“ —
Nun, wir werden sehn. Dem Häscher winkt er ... und w
                    dann geschehn,
Drüber läßt des Mitleids Schleier sanft das Lied herniederge[

Neujahr war's. Die Synagoge von der Beter Menge schwoll,
Und den Kadosch grad beginnen wollt' der Kantor andachtsvoll,
Da Geräusch am Eingang — düstrer brannte rings der
Lichter Schein —
Auf der Bahre, tief in Ohnmacht — brachte Amnon man herein.

Neben ihm im Korb die Glieder, dran das rote Blut noch klebt,
Stellt man zum Altar. 's ist stille. In dem ernsten Dunkel hebt
Auf der Kantor seine Stimme. Horch, da in des Kadosch
Klang
Von dem Fuß= und Händelosen jetzt ein Laut herüberdrang!

Halte!" rief er, und der Beter schwieg, im weiten Tempel still.
Hört mich, dessen letzter Atem seinen Schöpfer preisen will.
Isak sah in seinem Hause Weihrauch ziehn und Götzen stehn,
Und er blendete die Augen, nicht des Herren Schimpf zu sehn.

Und ich sage: der Neujahrstag ist dem Allgericht geweiht,
Schon erdröhnen die Posaunen. Du mein Gott sei benedeit!
Viermal, eh das Jahr sich wendet, richtest du, o Herr, die
Welt,
Furchtbar ist dein Spruch, doch größer ist die Milde, die
uns hält.

Bis in alle Ewigkeiten herrschest du, Erhabner, nur
Raum und Zeit umspannt dein Auge, Trieb und Kraft ist
deine Spur,
Deine Hände ohne Ende schützen alles, übers Meer
Mitten durch den Sturm zieht leuchtend deiner Engel Schar
einher.

Offen ist das Buch der Rechnung, alle Namen stehn darin,
Jeder Traum und Zug der Seele ist enthüllt, wann und wohin;
Gleich wie Wogen angezogen kommt der Völker bang Geschlecht
Und du richtest, teilst und schlichtest und du wägst die Schuld
gerecht.

Ohne Ende deine Tage, deine Jahre uferlos,
Deiner Macht und Größe Fülle ist für jede Zahl zu groß,
Ein Geheimnis ist dein Name, ahnungsvoll vor seinem Klang
Zittern Cherubim und halten Sterne ein in ihrem Gang.

Von dem Schmettern der Posaunen bebt der Erde tiefster Kern
Und des Meeres dunkles Raunen grüßt in Ehrfurcht dich
           als Herrn.
In dem Staube, Schmach zum Raube, liegt vor dir der
           Götzen Zahl,
Segen fluten wird den Guten und den Bösen wird die Qual.

Hör, Gerechter, unser Flehen, neig dich, unser Leid zu schauen
Nur in dir ist Kraft und Hoffnung, ist Ergebung und Vertrauen
Deine Huld und Güte heben mehr als Tugend, mehr als Macht
Du bist Herr der Welten, Jahre, ohne dich ist dunkle Nacht.

Fürsten werfen ab den Purpur, Asche auf ihr Haupt zu streun —
Hört ihr über Meer und Wüste die Posaune mächtig dräun
Ich auch, Herr, hab schwer gesündigt, neigte dem Verrate zu ..
Nicht die Hände kann ich heben — aber gnadenreich bist du!

Seufzend sank er nieder. Wolken dichten Rauches sah man
           ziehn.
Kilonimus ben Rabenu neigte still sich über ihn,
Griff ans Herz ihm: „Ausgerungen! Heil ihm! Preist den
           Erde Hort!"
Und den unterbrochnen Kadosch setzt der Kantor wieder fort

Während dessen auf dem Schlosse sitzt der Fürst bei Mal
           und Fest,
Und er kämpft mit seinem Bangen, das ihn heut nicht
           ruhen läßt.
„Nun, mein Rabbi, was beschloß er? Will mir niemand
           Bote sein?
Seid ihr alle stumm geworden? Laßt den Henker mir herein

„Wie ein Geck mit Mandolingewimmer
Komm ich nicht, unziemlich ist das schon,
Auch die Beine, sie gestatten nimmer,
Daß ich niederkrieche vom Balkon.

„Ja die Zeit grub — ich gesteh's im Grunde —
Furchen auf die Stirne mir genug —
Doch ein einziger Kuß von Eurem Munde
Und sie schwinden alle weg im Flug.

„Ja, die Blüte ist hinweggegangen,
Meine Glieder sind nicht anmutreich —
Aber ach, ein einziges Umfangen,
Ewige Jugend hab' ich dann sogleich.

„Doch des Ruhmes Erbe ist mir worden,
Wie es kaum ein zweites Mal erstand,
Compostellas, Calatravas Orden
Trag' ich und das blaue Hosenband.

„Schrecklich war mein Schwert den Maurenschaaren
Grande bin ich, Admiral dabei,
Und es winkte schon vor dreißig Jahren
Ferdinand mir gnädig beim Turnei.

„Donna! Seh ich, daß zu dir sich schleiche
Jene Gliedergruppe Don Juan,
Glaube mir, daß ihn mein Dolch erreiche,
Und ich treff ihn — Gott bestimmt schon, wann.

„Schöne Donna! Einmal Euch zu neigen
Gnädig nieder vom Balkon geruht,
Euren Schuh, das Strümpfchen mir zu zeigen,
Daß sich hebe mein verzagter Mut!"

Und Elvira? Sitzend unter Rosen,
Selbst ein Röslein, fühlt die holde Maid
In dem stürmisch liebevollen Kosen
Don Juans des Himmels Seligkeit.

„Hörst du?" flüstert sie im Liebesbangen,
Drückt auf seine Stirne einen Kuß,
„Hör, der Narr hat wieder angefangen,
Und sein Seufzen ist mir zum Verdruß.

„Soll denn stören unsrer Küsse jeden
Sein Gekrächz, so kläglich und geschraubt?"
Lächelnd hört sie Don Juan so reden,
Neigt auf ihren Busen still sein Haupt.

„Süße Donna! Sonne meinem Leben!
Leicht mit einem Degenstich den Tod
Könnte ich dem lästigen Brummer geben,
Der in jugendlicher Sehnsucht loht.

„Doch mir ist zu wohl in eurer Nähe,
Um zu solchem Gang bereit zu sein,
Leicht wär's, daß daraus Tumult entstehe,
Und ich büßte, was ich habe, ein.

„Während ich mich freu' des Minnelohnes,
Küssen darf die lieblichste der Fraun,
Laßt ihn durch das Gitter des Balkones
Euern kleinen Goldpantoffel schaun.

„So zum Glücke wird es beiden taugen
Und wir beide finden unsern Preis,
Ich im Glanze Eurer sanften Augen,
Er in Eurer Strümpfe zartem Weiß.

„Doch begehrt ihr's, wird sofort zum Rächer
Hier mein Degen und ihn trifft sein Los —"
Und die Donna, mit dem Perlenfächer
Trifft sie lächelnd seine Lippen bloß.

Steckt rasch das Pantöffelchen durchs Gitter,
Und errötet, wie die Rose dann,
Und die Wangen künden ihrem Ritter
Die Erfüllung seines Traumes an.

Unten stand in heißem Liebesgrame
Pedro da und hielt begeistert Wacht,
Aufwärts zum Pantoffel seiner Dame
Sah er, wie zum Stern um Mitternacht.

Und die Nacht kehrt sich vom Mondenschimmer
Und blickt harrend nach der Sonne aus;
Zum Pantoffel schaut der Don noch immer —
Doch wo ist das weiße Füßchen draus?!

Klagelied der Bauern nach der Niederlage bei Chlumetz.
(1775.)

Ei, der Teich von Chlumetz
Hat gar trübe Flut —
Ob die Abendröte
Auf dem Wasser ruht?

Diese Abendröte
Ist gar seltsam heut',
Ist so rot geworden
Von dem Blut der Leut'.

Und das Schilf im Teiche
Ist zersaust so sehr,
Als ob sich in Ängsten
Dran gehalten wer.

Dran gehalten haben
Sich in letzter Not
Viele schwielige Hände,
Ganz vom Blute rot.

Doch vergebens haben
Sie danach gerafft —
Schade, ewig schade,
Was da starb an Kraft.

Noch sehn wir sie sinken
In des Teiches Rohr,
Noch einmal sich fassen,
Kommen noch empor.

Kommen noch und klagen
Mit dem stummen Mund,
Was an Leid getroffen
Unsern Heimatgrund.

Wie da litt der Bauer,
Der bebaut das Thal,
Seine Saat die Hoffnung,
Seine Ernte Qual.

Fluch dem ersten Schusse,
Der hier fiel und traf,
Gott weiß, welcher Kopf wohl
Fand durch ihn den Schlaf.

Gott weiß, welchem Herzen
Er zerriß den Schlag —
Ob fürs Volk ein zweites
Noch so fühlen mag!

Chvojka, unser Kaiser,
Aus dein Regiment!
Recht ist's, daß man Bettler
Uns nun alle nennt.

Schad' um deinen klugen,
Feinen Kopf, wie schad,
Jetzt würzt er das Essen
Jenen Herrn im Staat!

Ja wir sind nun Bettler,
Ärger, als man denkt,
Heute abgeurteilt,
Morgen früh gehenkt!

O du schöne Hoffnung
Und du Freiheitstraum,
Seid in Sand verflogen
Und zerstäubt in Schaum.

Uns und unsern Kindern
Wird das Joch erst schwer,
Wie es nicht gewesen
Hundert Jahre her.

O, die Nacht ist drückend,
Der kein Morgen scheint,
Alles ist verloren,
Alles ist beweint,
Auf dem Grund des Teiches
Ruht's im Grab vereint!

Die Tochter Tintorettos.

Sah die Tochter in der Wiege,
Blühend, wie das Glück,
Malen wollt' er sie — ein Bangen
Hielt ihn scheu zurück.

Nein, der Blüte schlichte Schönheit,
Sprach er still zu sich,
Wächst und blüht nur für den Schöpfer,
Wächst und blüht für dich.

Sah die Tochter am Altare,
Blühend, wie das Glück
Malen wollt' er sie — ein Bangen
Hielt ihn scheu zurück.

Nein, so sprach er, dieser holden
Rose Glut und Strahl
Ist nur da für ihren Schöpfer,
Nur für den Gemahl.

Sah die Tochter in dem Sarge,
Blühend, wie das Glück,
Kalt und tot, die schöne Hülle
Blieb allein zurück.

Und er küßte sie, kein Lauscher,
Stille weit und breit,
Nahm den Pinsel, in ihm flüstert's
Freudig: Jetzt ist Zeit!

Er konnte nicht nach Hause.

Der kleine, bleiche Knabe,
Der täglich unterm Fenster
Vor jenem stillen Landhaus
So munter auf dem Rasen
Mit Ball und Reifen spielte,
Heut' liegt er da in einem engen Sarge,
Heut' liegt er da in Blumen,
Die Hände sind gefaltet
Und halten eine weiße Rose.

Doch seltsam! Seine tiefen Träumeraugen,
Die teuern, blauen Augen,
Kann er nicht schließen und sie schaun ins Leere
Mit schmerzlich stummem Vorwurf.
Die Mutter schloß sie, weinend wie Maria,
Der Vater schloß sie, tief vom Leid getroffen,
Allein umsonst, sie schaun ins Leere,
Die teuern, blauen Augen
Mit schmerzlich stummem Vorwurf.

Und warum starb der bleiche Knabe?
Das sagt dir nicht der Vater, nicht die Mutter.
Sie wissen's selber nicht, und auch der Arzt
Erriet es nicht — der Knabe starb nur darum,
Weil er nach Hause nicht gekonnt.

Er war gewohnt, der Wärtrin zu entlaufen,
Allein nach Haus zu finden,
Allein die Treppen aufzuklettern,
So, wie ein großer Mensch; es macht' ihm Freude,
Daß er allein nach Hause traf.
So that er auch an einem kalten Tage,
Als sich der düstre Nebel
Wand durch die Gassen und die Lampen
Im Winde bebten, auf dem glatten Pflaster
Ausglitt der Großen Fuß, und jeder,
Der konnte, schnell nach Haus schlich.
Auch diesmal lief voraus er, fand auch diesmal
Ganz gut das Haus. Doch wehe!
Das Thor das schwer beschlagne,
War heute abgeschlossen,
Und er zu klein, die Glocke zu erreichen.
Er wartete, indes der Wind durch Gassen
Und Gärten pfiff und mit den Lampen klirrte.
Er wartete und wartete gar lange,
Dann fing er an zu weinen, leise erst,
Dann laut und unaufhörlich . . .

Doch niemand kam durch diese stille Gasse
Und niemand kam vom Hause, drin sein Weinen
Man nicht gehört. Der Wind, der heulte
Und trieb die Flocken Schnee ihm auf die Wangen,
Wo sie zerflossen in den bittren Thränen . . .

Dann kam die Wärterin, es war zu spät schon.
Vor Freude schwieg er und verriet kein Wort,
Doch bald erkrankt' er drauf in schwerer Krankheit
Der er erlag.
Allein die blauen Augen,
Die tiefen, teuern Augen,
Die schloß er nicht, die starren in die Ferne
Auch aus dem Sarg, als wollten

Sein Leid sie allen in die Herzen graben,
Die fromm hier beten,
Die her die Blumen bringen,
Als wollte Vater er und Mutter sagen,
Das er nach Hause nicht gekonnt.

Gewiß am goldnen Thor des Paradieses
Harrt er so lange nicht, und schließen wird er
Unter der Engel Flügel voller Frieden
Die teuern, blauen Augen
Und wird verzeihn, wenn er zu Hause ist,
Daß er nach Hause nicht gekonnt.

Ballade aus dem Dorfe.

Zum Kirchhof trieb sie's fort und fort,
Nun ging sie hin, zu beten dort.

Der Totengräber, alt und grau,
Grub just ein Grab, das Arbeit gab,
Er blickt' empor und sah die Frau,
Dann grub er weiter an dem Grab.

Da, wo ein morsches Gruftkreuz stand,
Kniete sie hin an Grabes Rand,
Die Hände faltend fromm, allein
Nur Seufzer kündeten die Pein
Und auf dem Herzen lag ein Stein.

Der Gräber stand im hohlen Raum,
Und schaffte fort, man merkt' ihn kaum.
Nur manchmal sah den Spaten man,
Nach oben fliegend Schollen dann,
Dazwischen sprach der Greis ein Wort
Und grub dann wieder weiter fort.

„Es ist doch hübsch, daß ihr's noch denkt
Und her zum Grab die Schritte lenkt,
Daß vor dem zweiten Hochzeitstag
Ausweinen euer Herz sich mag.
Ob Witwe schon der Jahre sieben,
Seid ihr doch frisch und schön geblieben."

Zur Arbeit wandt' er drauf sich wieder,
Und dumpf fiel seine Hacke nieder;
Der morsche Sarg dröhnt von den Hieben,
Es ächzt und knarrt, wie wenn gebrochen
Der Deckel wird mit starkem Streich,
Ein Krachen, aus dem Grabe gleich
Nach oben fliegen ein paar Knochen.

„Ja, euer Mann" — so nahm das Wort
Der Gräber wieder und grub fort;
„Der war — um ihn ist wirklich schad,
Von mir ein guter Kamerad,
Ein Bursche, froh und kerngesund."

Dumpf hieb er wieder in den Grund.

„Ich liebte ihn, sein treu Gesicht,
Gott weiß, euch mocht' er lange nicht."

Gebeine flogen an das Licht.

Das Weib an Grabes Rand bezwang
Mit Müh' der heißen Thränen Drang,
Nicht beten konnte sie, die Pein
That sich in Seufzern kund allein
Und auf dem Herzen lag ein Stein.

„Ja, eure Hochzeit, da gings her,
Solch lustig Treiben giebt's nicht mehr.
Zwar, als ihr fuhrt am Turm vorbei,
Erhob das Käuzchen sein Geschrei,

Allein wen mochte das bekümmern!
Ihr fuhrt den Wagen fast zu Trümmern
Mit Geigen, Jauchzen und Hurra!
Ja, und so lustig wart ihr da,
Daß ihr den Toten unter Lachen
Herein warft Brot und süße Sachen,
Jawohl, das war ein Saus und Braus!"

Und wieder warf er Knochen aus.

„Allein die Toten rächten sich
Gar bitter, eh' ein Jahr verstrich.
Ich kann mir's heute noch nicht deuten,
Ich hör' nicht auf Geschwätz von Leuten,
Daß er so plötzlich ging von hinnen.
Zwar hieß es, kann mich des entsinnen,
Daß es ihn stets im Kopfe stach,
Doch Unsinn war es, was man sprach,
Ich kannt' ihn, er war kerngesund."

Und wieder hieb er in den Grund,
Warf wieder Knochen aus dem Grabe,
Und immer stärker hieb er ein,
Als ob er Sarg hier und Gebein
Dem Teufel zu entreißen habe.

„Gott weiß, wie's zuging in dem Falle.
Ich weiß nur, was die andern alle:
Einst in der Nacht, da fiel den Mann
Das Kopfweh links so heftig an,
Daß er dahinsank, wie durchstochen —"

Und wieder flogen auf die Knochen,
Verwest und fahl, voll Moderhauch.
Und drunter war ein Schädel auch,
Drin stak ein Nagel, fest und tief,
Links stak er, rostig schon und schief.

Der kollert hin zum Weibe stumm,
Sie sah's, aufschrie sie und — sank um.

Der Totengräber sprang empor
Und donnerte ihr in das Ohr:
„Was hast du, Weib? Es geht doch nicht
Anstatt zur Hochzeit zum Gericht?"

Abendgespräche.

Hernieder sank der Abend,
Allmählich still und leis,
Am Gartenduft sich labend,
Saß da der Mönche Kreis.

Sie saßen schweigend beisammen,
Und wie so der Tag entglitt,
Lag licht des Abendrots Flammen
Auf ihrem dunklen Habit.

Vom Turm scholl ehernen Schlages
Die Stunde, der Abt drauf sprach:
„Und wieder der Schluß eines Tages,
Das klingt so süß mir nach.

„Gern hör ich, tönt in die Runde
Die Glocke, ernst und geweiht,
Den Vorhang hebt die Stunde
Von der großen Ewigkeit."

Nun kam die Rede ins Fließen,
Und Bruder Bruno begann:
„Wenn des Klosters Thore sich schließen,
Und die Welt liegt hinter mir dann —

„Ihr Knarren tönt mir so helle,
Wie keine andre Musik,
Mit Engeln betret' ich die Zelle,
Zufrieden mit meinem Geschick."

Und Bruder Gilbert wieder:
„Mich freut's, wenn fessellos
In Orgel= und Kirchenlieder
Fährt heulend des Sturmes Stoß."

Und Bruder Fulgenz: „Gepränge
Und Festschall freut mich zumeist,
Wenn Jubelmusik und die Menge
Den Abt willkommen heißt."

Und Bruder Simon: „Klopfen
Fühl' höher ich das Herz,
Fliegt aus der Flasche der Pfropfen
Und trägt mich himmelwärts."

Und Norbert mit bleichen Wangen,
Wie von einem Traum umweht:
„Mich nahm der Wind gefangen,
Der über die Gräber geht."

Ein Noviz, erst jüngst gekommen,
Stand still am Baum und sann,
Welch Eden er vernommen,
Vertraut' er niemand an.

Er hatte gehört — und ein Schauer
Hat ihn durchzuckt dabei,
Wie hinter der Klostermauer
Geküßt sich der Lippen zwei.

Und Nacht ward's völlig, drinnen
Im Dome strahlte Licht.
Der Abt unterbrach sein Sinnen:
„Zur Vesper! Säumen wir nicht!"

Der Storch des heil. Franziskus.

Aus der tödlich schweren Ohnmacht
Nach erschöpfend langem Kampfe,
Wachte Franz zum Leben auf.
Öffnete noch nicht die Augen,
Fühlte aber, wie sich linde
Heller Schein wie Rosenblüten
Drängt durch seine Augenwimpern,
Hörte süße, ernste Töne
Wie von Harfen und von Fluten,
Die ans Ohr von fern ihm schlugen,
Wie an blumigen Strand die Welle,
Fühlt' im Herzen Zauberduft,
Wie ihn selbst im Blumenherzen
Nicht die Rose, der Jasmin nicht
In den weißen Sternen trägt.
Seine Seele, erst erschrocken
Von des Todes Weh, ward ruhig,
Und er hörte leises Flüstern:
„Sieh umher! Du bist im Himmel!"

Als dann die Musik in Wogen
Eines Hymnus sich ergoß,
Schlug erstaunt er auf die Augen —
Ja, im Himmel war Franziskus!
Alles schwamm ringsum in Licht.
Er, der Sonne Hymnus singend,
Sah hinein ins Strahlenmeer,
Und sein Blick ertrug den Glanz.
Erst sah er von weißem Dampfe
Säulen steigen — doch das waren
Lichte Säulen heiligen Weihrauchs,
Die aus goldnen Weihrauchfässern
Wallten, aus den Weihrauchfässern,
Rings um Gottes Thron gereiht.

Bäume sah er seltner Formen,
Die als Blüten Sterne trugen
Und darunter weißgekleidet
Schritten, in den Händen Palmen,
Hin der Auserwählten Scharen,
Bischöfe und Märtyrer,
Kardinäle und Propheten,
Frauen, Witwen, Gläubige;
Mitten unter ihnen wandelnd
Viele schöne Himmelsengel,
Singend zu den Harfenklängen,
Andre sanft die Flöte blasend,
Andre hell den Cymbal schlagend.
Und des Glückes Lächeln glitt
Über das verhärmte, bleiche
Hagre Antlitz von Franziskus.
Er ein Mönch mit bloßen Füßen
Hier in solchem hohen Glanze!
Und er sah dann wie die Scharen
Freundlich bei ihm stehen blieben,
Im geheimen auf ihn wiesen
Und in Ehrfurcht flüsterten:
„Seht nur! er, das ist der Heilige,
Gottes Diener, ist Franziskus!"
Sah, wie dann vor ihm die Päpste
Die Tiaren schweigend zogen.
Seine Demut ließ die Ehren,
Ihm bezeugt, nicht weiter ansehn,
Und er heftete die Augen
Aufs Gewölk, das weiß und grade
Aus den Weihrauchfässern aufstieg.
Sieh, das fesselte zumeist ihn.
Denn die Wolken unterscheidend,
Fand er, daß es keine Wolken,
Sondern lauter Kinderköpfe,

Golden blond und ringellockig,
Pausbackig und buntgeflügelt,
Lauter Köpfe kleiner Engel,
Die da scherzten und da lachten;
Und das Lachen ging ins Herz ihm
Und er war unsäglich froh.

Keine Zeit zählt man im Himmel.
Doch inmitten all der Wonne
Fühlte sich doch bald Franziskus
Wie verlassen und verwaist.
Er stand auf vom goldnen Sessel,
Und schritt auf dem Himmelswege
Dorthin, wo des Weihrauchs Wolke
Leicht das ewige Licht verdeckte.
Und er fiel auf beide Knie,
Hob die Hände, die gezeichnet
Mit den blutigen Nägeln Christi,
Und vor allen Auserwählten,
Märtyrern, Propheten, Engeln
Und der ganzen Schar der Gläubigen
Hub er weinend so die Rede:

„Licht des Lichtes, Vater, Gott,
Du vergiebst und bist nicht böse,
Wenn ich dir ergebenst sage:
Hier im Himmel hab' ich Heimweh.
Mir zu viel der Liebe gabst du
Zu der Welt und zu den Menschen,
Stets leb' ich mit der Natur
Als ein treuer Sohn und Bruder.
Fern bin ich ein dürrer Zweig.
Willst du wissen, lieber Gott,
Was mir Heimweh weckt im Himmel?
Hier fehlt mir der Bruder Feuer,
Hier fehlt mir der Bruder Wasser,

Hier fehlt mir die Mutter Erde,
Und was ich am meisten liebte,
Fehlt mir hier, die Schar der Vögel.
Labsal waren und Erquickung
Sie mir stets auf meiner Wandrung,
Trost für Auge, Ohr und Herz.
Möglich weißt, Allwissender,
Du noch nicht, was mir geschehen,
Als ich noch in Umbrien war.
Ging ich predigen dem Volke,
Doch umsonst — vergebne Mühe,
Taube Herzen, taube Ohren,
Und enttäuscht und müde ging ich
Vor die Stadt hinaus voll Trauer.
Eine große Wiese war dort,
Voll mit Bäumen, in der Mitte
Floß ein Wässerchen durchs Gras.
Hier ergoß sich nun in Klagen
Alle Bitterkeit der Seele.
Auf dem Rasen schritt ein Kibitz,
Schritt wie sinnend auf und nieder,
Und er richtete den Schopf auf,
Blieb auf seinem Wege stehen,
Gleich, als hätt' er mich verstanden.
Aus dem Nest, das im Gebüsch sie
Mit dem letzten Laub gepolstert,
Streckte Nachtigall den Hals,
Näher hüpften her vom Ufer
Dann der Distelfink und Stieglitz,
Aus den Binsen kam der Star,
Von der Wiese Gimpel, Meise,
Von dem Feld der ernste Rabe,
Krähe flog herbei und Dohle,
Und, ihr Liedchen unterbrechend,
Blitzschnell nieder flog die Lerche,

Aus des Waldes Tiefe kamen
Wiedehopf heran und Drossel,
Amsel mit dem goldnen Schnabel,
Und der Specht, der klopft an Stämmen,
Kamen Würger, Mandelhäher,
Und der graue Mauersegler,
Kam die Dommel aus dem Rohre,
Kamen Bachstelze und Schwalbe,
Zaunkönig und Plauderelster.
Doch am frömmsten stand vor allen
Da der Storch auf einem Beine,
Lauschte andachtsvoll der Rede,
Lauschte, mit dem Kopfe nickend,
Und der Spatzen lärmend Häuflein
Wies zurecht er mit dem Schnabel,
Daß sie still und artig hören.
Ich, Franziskus, Diener Gottes,
Von dem Volk verlacht, hielt also
Vor den Vögeln meine Predigt.
Und so lieb gewann ich alle,
Daß ich ohne sie betrübt bin.
Nun, ich kann es nicht verlangen,
Daß du deinem Knecht zuliebe
Deinen Himmel machst zur Erde.
Aber eines bitt' ich, Vater:
Um die Fasten, die ich einhielt,
Um die Armut, die ich trug,
Um mein Leiden und Entbehren,
Um die Wunden meiner Hand,
Um die Wunden meiner Seele,
Heiliger, großer Gott, erlaube,
Daß den Storch ich bei mir habe,
Daß ich hier mit ihm mich freue,
Wie mit einem ernsten Bruder,
Wie mit einem treuen Freund!"

Ganz in Staunen und in Schrecken
Hörten an die Heiligen alle
Diese lange, kühne Rede.
Zwar sie schwiegen, doch Franziskus
Konnte in den Mienen lesen,
Was sie etwa von ihm denken.
Seine Stirn verzog St. Petrus,
Staunen wies Johann der Täufer,
Und der Papst Gregorius neigte
Zu Johann Chrysostomus sich,
Flüsternd und dabei den Finger
An die eigne Stirne legend:
„Sagt' ich es nicht stets! Franziskus
Ist und bleibt ein Sonderling!"

Die Versammlung war zu Ende.
Alle gingen und Franziskus
Schritt gar trüb vom Throne Gottes,
Fürchtend, daß der Herr sich ärgre.
Da zog etwas an dem Rock ihn,
Eilig wandt' er sich und traute
Staunend kaum den eignen Augen.
Vor ihm stand ein weißer Storch
Mit dem langen roten Schnabel,
Seine schwarzgefärbten Flügel
Glänzten nur; er klapperte
Und schritt würdig Franzen nach.
Der konnt' kaum die Blicke wenden
Von dem treuen Kameraden,
Küßte ihn mit feuchten Augen,
Zur Verwunderung der andern.
Auf dem Sessel saß Franziskus,
Hielt an seiner Brust des Storches
Haupt gelehnt, ihn linde streichelnd.
Und er war nun völlig glücklich.

Aber, was geschehn Franziskus,
Das geschah auch seinem Storche.
In des Himmels Glanz begann er
Sinnend seinen Kopf zu neigen.
Wechselte das Bein gar häufig,
Wenn ihn streichelte Franziskus,
Und er träumte bangen Herzens
Von den großen, weiten Wiesen,
Von den Sümpfen, von den Mooren,
Drüber hin die Wolken ziehen,
Von den Binsen, von dem Schilfrohr,
Die im Hauch des Windes säuseln,
Drin sich Millionen kleiner
Und behender Tiere tummeln,
Ihm als Beute sehr willkommen.
Und er träumte bangen Herzens,
Wie, von seinem Schritt verscheucht,
In den Bach der Frosch hinabspringt,
Der Natur lebendige Posse,
Welche Drolligkeit und Grauen
In grotesker Art vereinigt,
Sah, wie durch die Binsen glänzt
Schwarz und gelb der Salamander,
Wie die Eidechse davon huscht,
Die im Sonnenschein sich wärmte,
Sah die stillen grauen Häuschen,
In der Mitte drin den Kirchturm,
Und auf seinem roten Dache
Ein vermorschtes Rad, sein Nest.
Sah, wie bei des Herbstes Nahen
Kommen sämtliche Genossen
Und in langem Heerzug fliegen
Über Matten, über Fluren,
Über Wälder, Berge, Meere,
Eine Riesenkarawane,

Tag und Nacht bis an den Nil,
In das Land der Pyramiden.
Und in seiner tiefen Sehnsucht
Dacht' er nicht mehr an den Himmel,
Hieb mit seinem langen Schnabel
Rechts und links, obgleich im Wege
Häufig manch ein Heiliger stand,
Ja, zum Sturm wuchs die Entrüstung,
Als er einst die Gloriole
Magdalenens fing im Schnabel
Und im Himmel sie herumtrug.

Alsogleich vereinigt waren
Alle Heiligen in der Bitte,
Rasch den Storch hinauszuweisen.
Mit gesenktem bloßen Haupte,
Barfuß, im Habit der Mönche,
Stand, die Hände still gefaltet,
Vor dem Thron des Herrn Franziskus,
Bang den Urteilsspruch erwartend,
Der den Bruder und Genossen
Ihm auf immer nehmen sollte.

Stille herrschte. Lange Zeit
Sah die gute Mutter Gottes
Auf den Storch und auf Franziskus,
Und wie immer, war auch diesmal
Sie der Milde Hüterin,
Und sie sprach, und ihre Stimme
Klang wie helle Silberglöckchen:

„Beiden Teilen sei geholfen,
Franz und seinem Freund, dem Storche,
Franz und allen andern Heiligen.
Weise ist der Storch und klug.
Wenn's ihn heimzieht nach der Erde,

Gut, so mag er niederfliegen,
Fliegen als der Bote Gottes,
An den Teichen Umschau halten,
An den Sümpfen und Morästen
Und nach Lust dann wiederkehren
In den Himmel, zu Franziskus."

Und sie nickte sanft und zeigte
Einen Busch von Himmelsrosen,
Unter denen in Umarmung
Schliefen fest zwei Rosenengel.
Und dann bog sie sich hernieder.
Ganz zerstoben war der Nebel,
Und die Glut der Sonne strahlte.
Und die Erde war zu sehen,
Wie sie an des Äthers Busen
Liegt gleich einer holden Rose,
Und man sah auf ihr die Wälder
So wie große, schwarze Streifen,
Ströme, so wie weiße Fäden,
Berge, so wie dunkle Flecken.

„Seht hinunter," sprach nun wieder
Süßen Tons die Mutter Gottes,
„Dort beim Wald steht eine Hütte,
In der Hütte wohnen Leute,
Arme, aber fromme Leute,
Die ein Kindlein heiß erflehen.
Heut erfüll' ich ihren Wunsch.
Kluger, weiser Storch vernimm denn.
Diesen Engel, der hier schlummert,
Nimm in deinen Schnabel, fliege
Durch die Wolken, durch die Nebel,
Über Berg und Wald und leise
Fliege nieder zu der Hütte,
Klopfe dort ans kleine Fenster,

Ins Gemach, ans Herz der Mutter,
Die im Dunkel schlummert, fliege,
Leg' das Engelchen des Himmels
Eiligst in die leere Wiege,
Daß die armen guten Leute
Auf der Erde recht sich freuen!"

Und der Storch, der weise, kluge,
That, so wie ihm ward geheißen;
Alle blickten auf die Erde,
Wie er zu der Hütte flog
Und das Kind gab in die Wiege,
Und sie sahen, wie den Leuten
In den Augen Freude glänzte,
Daß der Herrgott wohlgefällig
Strich den Bart, den silbergrauen,
Und vor allen laut belobte
Seine liebe Mutter Gottes.

Bald drauf kam der Storch zurück.
Auf dem Wege macht' er freilich
Halt am Teiche in den Binsen
Lauerte und that sich gütlich.
Kehrte dann zu Franz zurück,
Welcher glücklich und zufrieden
Streichelte das Haupt des Storches,
Küßte das Gewand Mariens.

So gewann der Storch den Himmel,
Und, hat er dort Langeweile,
Bringt er Engelchen den Menschen.